KB263319

손바닥 위를 걷다

저자 홍효진

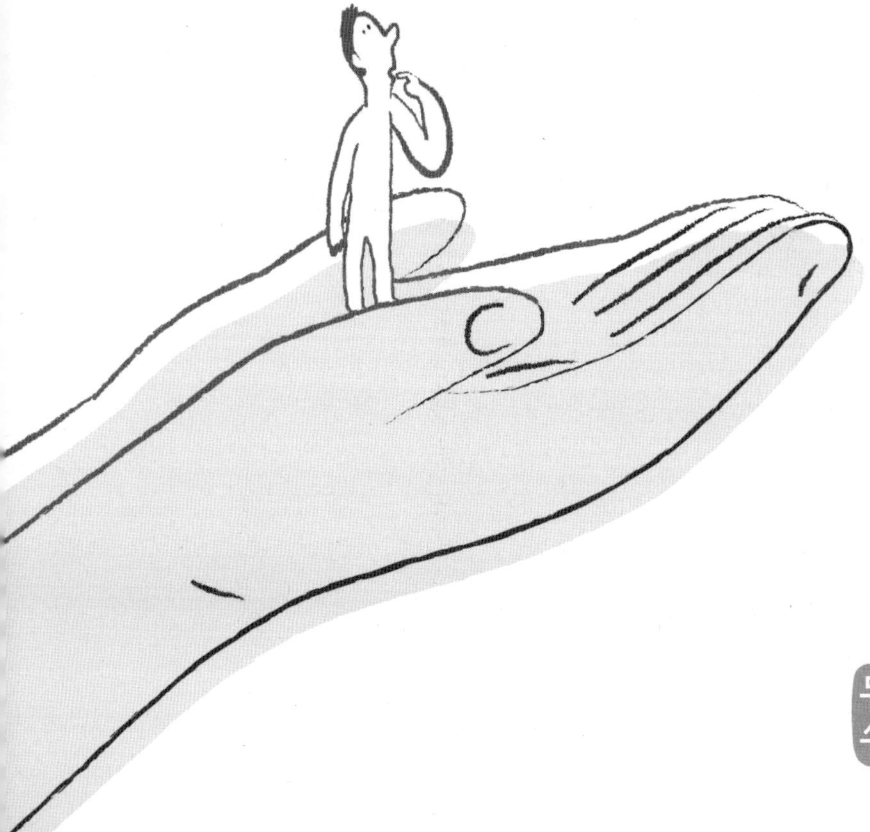

손바닥 위를 걷다

홍효진

설레는 마음으로 책을 꾸미며

책을 발행해야겠다고 마음을 다졌을 때 떠오른 생각이 누구를, 무엇을 위해서? 였다.

오래 전 책 발행을 생각했을 때는 올바른 부처님 가르침을, 바른 불교를 알고자 하는 이들에게 였는데, 이제는 내가 보고 아는 것을 밝히려 할 뿐.

장님이 코끼리 만진 격[盲人摸象] 이란 말이 있다.

장님 여럿이 커다란 코끼리를 만지고 코끼리를 설명하니, 코를 만진 자는 뱀 같다 하고, 다리를 만진 자는 기둥 같다는 등 자기가 만진 부분을 전체로 말하며 다른 장님이 말하는 것을 틀렸다고 하면서 자기 주장만 옳다 함을 굽히지 않는 것을 비유한 것이다.

장님인 그들은 거짓을 말하지 않는다. 다만 자기가 본 것을 전부인 양 설명할 뿐이다. 그런데 사람들은 전체 모습을 원한다. 전체 모습에서 보면 그들은 틀렸다.

지금 시중에 전하는 불교에 대한 책 내용 역시 장님이 만진 코끼리를 만진 결과를 토하는 것으로 보인다.

나의 염려는 나 역시 장님이 본 또 하나의 코끼리를 말하는 것은 아닌지.

당연하다.

더 나아가 온 눈으로 코끼리를 보았다 해도 그것을 언어로 상대가 바르게 보도록 전할 수 있을까.

바램이라면 눈 밝은 이를 만나 더욱 밝아져 세상이 참으로 필요한 것이 나오는데 보탬이 되었으면 하는 마음으로 한 권의 책으로 묶겠다는 생각이 일어났다.

백척간두진일보(百尺竿頭進一步).

10층 건물 높이되는 백척(약 30미터) 위에 서서 한 걸음 더 나아가라. 부드럽고 편한 말도 얼마든지 있을 터인데, 선종의 스승들은 제자들을 왜 이토록 긴장토록 할까.

10층 높이 장대 끝을 벗어난 곳은 허공이듯, 거기서 한 걸음 나아가면 죽거나 크게 다칠 수 있다. 불교 공부하는 이들은 참선 수행자처럼 항상 정신을 날카롭게 다듬어 한 순간도 흐트러짐 없이 조심해야만 함을 강조하는 것이다.

불교는 반복하는 공부다. 이것 저것 새 것을 보여주며 나아가는 것처럼 보일 수 있지만 결국은 반복이 되는 가운데 깊어져 가는 공부다. 반복하는 가운데 넓어지고 깊어져 더 익어가길 바란다. 반복이라 하지만 공부하는동안은 한 순간이라도 느슨함을 허락하지 않는다.

이곳에 글을 담는 순간 순간, 장님이 코끼리 만지는 것은 아닌지를 끊임없이 바라보고, 백척 높이 장대에서 한걸음 더 나아가는 마음으로 한 걸음 한 걸음 나아가려 한다.

목차

1부 부처님 손바닥

2부

12처라 쓰고
6근 6경이라 읽는다

부처님
손바닥

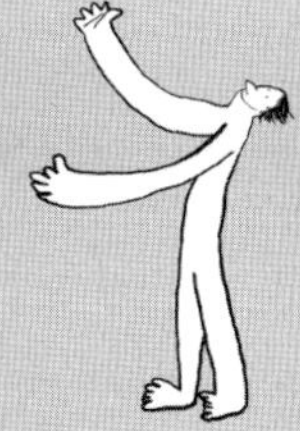

4성제는 12연기다

보리수 아래에서 수행자 석가모니는 부처를 이루셨다.

부처를 이루었다는 것은 무슨 뜻일까.

왕자였던 석가모니가 야소다라와 결혼하였고 아들을 낳았다는 소식에 "라훌라여, 라훌라" 탄식을 하고, 그날 밤 몰래 성을 빠져나온 이유는 생로병사의 괴로움을 멸하는 것이었다. 그러니 부처를 이루었다는 것은 생로병사의 괴로움에서 벗어났다는 게 된다. 생로병사의 괴로움에서 벗어났다고 하는데, 『열반경』을 보면 마지막 식사를 하고 몸이 아프다고 눕겠다고 하셨고, 얼마 후 열반[죽음]을 맞이한다.

모순이 아닌가? 늙고 병들고 죽음에서 벗어났다고 했는데, 본인은 늙고 병들고 결국 죽었으니.

이 맥락을 보려면 4성제나 12연기법을 알아야만 한다.

보리수 아래에서 무아를 깨치고 세상 고통에서 벗어난 길은 12연기법을 통해서라 하고, 부처님으로 세상에 법을 전할 때 처음으로 가르친 법 내용이 4성제다.

12연기법 내용이 무엇인데 그것을 통해 부처님이 될 수 있었던 것일까? 그것은 유전문과 환멸문으로 구성된다.

유전문은 무명이 있으면 행이 일어나고, 행이 있으면 식이 일어나고, 하여 유가 있으면 생이 일어나고 생이 있으면 늙고 죽음이 일어나는 데 그 사이에 모든 고통과 슬픔, 괴로움이 생긴다는 것이다.

그와 같은 유전문은 수행자인 석가가 어떻게 알 수 있었을까? 역관으로 알았다.

역관이란 바다가 강과 만나는 지점에서 강을 거슬러 올라가 강의 시원을 찾는 방법이다. 그런 즉 지금 여기서 나는 늙고 죽는다. 늙고 죽음은 태어남이 있기에 생긴다. 태어남은 어떻게 생긴 것인가? 우리는 부모로부터 태어났다 고로 태어남의 원인은 부모라고 안다.

그러나 석가는 달랐다.

나뿐 아니라 모든 것의 태어남은 태어날 수 있는 무언가가 있기 때문으로 보았다. 곧 존재가 있으니 거기서 태어남이 일어난다는 것을 관찰했다.

이렇게 지금 여기서 나를 보며 그것이 있는 원인을 역으로, 역으로 확인 관찰하는 것을 역관이라 한다.

역관으로 관찰한 게 있으면 과연 그것이 참인지 아닌지 확인을 해야만 한다.

역관을 확인하는 방법은 순관에 의해서다.

순관이란 물이 위에서 아래로 흐르듯 강물의 시원이 있으면 물은 흘러 흘러 바다에 이르니, 누구라도 물은 위에서 아래로 흐른다는 것을 알고 참이라 하니, 역관이 참인지는 순관으로 확인한다.

유전문은 역관으로 강물의 시원을 역으로 찾아가는 관찰법이 있고, 순관으로 물이 높은 곳에서 낮은 곳으로 흐르듯 자연스럽고 분명한 순리를 통한 관찰법 두 가지가 있다.

이것을 12연기법 유전문으로 다시 정리하면

1) 유전문 역관

노사는 생이 있기 때문에 생긴다. 생은 유[존재]가 있기 때문에 생긴다. 유는 취함이 있기 때문에 생긴다. 취함은 애가 있기 때문이다. 애는 느낌[수]이 있기에 생긴다. 느낌은 촉이 있기에 생긴다. 촉은 안과 색, 이와 성, 비와 향, 설과 미, 신과 촉, 의와 법인 6입이 있기에, 6입은 명색이 있기에, 명색은 식이 있기에, 식은 행이 있기에, 행은 무명이 있기에 생긴다.

2) 유전문 순관

무명이 있으면 행이 생기고, 행이 있으면 식이 생기고, 식이 있으면 명색이 생기고, 6입이 있으면, 유가 있으면 생이 생기고, 생이 있으면 노사가 생기면서 모든 고통과 슬픔, 괴로움이 생긴다.

만일 12연기법이 저와 같은 유전문뿐이라면 우리는 물론 석가모니도 '있는 것은 사라지지 않고 변하기만 할 뿐'이라는 에너지 보존의 법칙이 그러하듯 윤회하는 괴로운 세상에서 결코 벗어나지 못할 것이다.

그런데 수행자 석가는 6년 고행 끝에 유전문은 환멸문이 될 수 있음을 발견했다. 환멸문도 역관과 순관이 있으니

3) 환멸문 역관

노사를 멸하려면 생을 멸해야 한다. 생을 멸하려면 유를 멸해야 한다. 해서 식을 멸하려면 행을 멸하고, 행을 멸하려면 무명을 멸해야 한다. 고로 괴로움 뿐인 노사를 멸하려면 무명을 멸해야 한다.

4) 환멸문 순관

무명을 멸하면 행이 멸한다. 행이 멸하면 식이 멸하고, 명색이 멸하고, 6입, 촉, 수, 애, 유가 멸하고, 유가 멸하면 생이 멸하고, 생이 멸하면 노사가 멸해 모든 고통과 슬픔, 괴로움이 멸한다. 고로 무명을 멸하면 늙고 죽음과 모든 괴로움이 멸한다.

12연기법에 나오는 무명, 무명은 구체적으로 어떻게 머물고, 어떻게 하면 멸이 되는가?

잘 알면 밝음[명]이라 하듯 무명은 희미하거나 깜깜해 잘 모르는 것으로 잘 모르면 과유불급이어서 더 많이 취하려 하거나 적게 취하려 한다. 그리고 탐욕이 일어난다는 것은 탐욕을 주인으로 하는 '나'가 생겨 있다.

그러기에 무명을 멸해 명이 되려면 먼저 탐욕을 줄여 완전히 멸해야만 할 것이다. 탐욕을 줄여 완전한 밝음[명]이 나타나면 이제 껏 '나'라고 알고 있던 자가 실은 없음[무아]을 깨닫게 되어 괴로움

이 머물 수 있는 자가 사라짐을 본다.

고로 무아를 깨달았다는 것은 무명을 멸했다는 것이다. 이렇듯 12연기법을 통해 무명이 있었기에 당신의 전생이 있음을 보고[숙명통], 무명을 멸하지 않으면 현재는 물론 미래에도 괴로움을 겪는 삶은 계속되는 것을 알아[천안통], 지금 여기서 무명을 멸해 온갖 고통에서 떨어져 나온 것[누진통]이다.

누진통을 깨치니, 이제까지 의심없이 존재하고 있는 걸로 여기던 생로병사를 겪는 암덩이 같은 존재 '나'가 실은 실체가 없는 것임을 깨쳤고, '나'가 없음을 깨치니 그 '나'에게 있던 온갖 괴로움이 멸한 것이다.

부처가 되었다 하여 제3자에게 보이는 모습이 사라지는게 아니다. 그것은 자연의 순리따라 무상히 변하고 있다.

부처는 몸이 멸하는 게 아닌 잘못된 앎[마음, 무명]에서 바른 앎[마음]으로 돌아온 게 된다.

일체는 무상하듯 존재로 인식된 석가부처님은 80세에 돌아가셨지만, 법을 깨친 자인 부처님은 태어남이 없고, 돌아감이 없는 것이다.

그것이 여전히 아리송한 것은 색안경을 쓰고 있으면 바르게 볼 수 없듯이 우리가 여전히 무명에 쌓여 있기 때문이다.

다시 12연기법으로 돌아와 문제는 12개 고리로 정리되는 12연기법의 유전문과 환멸문 그리고 둘 각각에 있는 역관과 순관을 색안경을 쓰고 나와 세상을 보고 있는 자들에게 색안경을 벗는 것 부터 시작해 12연기법의 환멸문을 이해시켜 주어야 일체 괴로움을 벗어나 부처를 이룰 터인데, 그 시대 사람들은 유전문은 얼마든지 이해를 잘할 터이나 환멸문은 이해하기보다 혼란만 더 일으킬 것으로 보인다는 점이었다. 하여 혼란을 주는 것 보다 차라리 입 다물고 그대로 열반에 들려하니 하늘의 신이 내려와 인간들에게 법을 설하도록 간곡히 청한다. 그 간청을 들어주기로 하고 인간이 이해할 수 있도록 법을 간단히 재정리한 게 바로 4성제다.

4성제에서

1) 고제는 유전문의 순관으로 여기에 고가 있다는 것이고,

2) 집제는 유전문의 역관으로 고의 원인은 무명이라 하는 것이고,

3) 멸제는 환멸문의 역관으로 고를 멸하려면 무명을 멸해야 한다는 것이고,

4) 도제는 환멸문의 순관으로 무명을 멸하면 곧 고를 멸한다는 것이다.

하여 존재[유]가 있으면 태어남이 일어난다는 유전문은 바로 이제까지 살아온 모든 생명체 특히 지적 생명체인 인간인 우리들의 삶의 길이요, 모습이다. 곧 괴로움 그 자체다. 그럼 어떻게 하면 괴로움에서 벗어날 수 있을까?

환멸문 역관은 괴로움을 멸하려면 생, 노사를 멸해야 한다. 생을 멸하려면 유를 멸해야 한다. 해서 행을 멸하려면 무명을 멸해야 한다는 역관을 통한 이치적인 깨달음이 생겼다. 그것을 고를 멸하거나

고를 멸한 멸제라 한다.

환멸문 순관의 시작인 무명 멸이란 이기적인 탐욕을 멸해 '나'를 줄여 궁극적으로 소멸하는 것이기에 선행을 통해 멸해야 한다. 선행을 하면 할수록 밝은 마음[명]이 일어난다.

밝은 마음은 탐욕의 대상으로 대하던 명색을 멸하고 있는 그대로의 밝은 명색으로 환원된다. 밝은 명색이 되면 탐욕의 6처는 사라지고 있는 그대로 바르게 보는 밝은 6처가 일어나는 데, 여기서 중요한 점은 밝은 6처는 존재가 아닌 마음에서 일어난 것임을 보아야만 한다.

6처가 마음에서 일어난 것처럼 촉 역시 마음에서 일어난 것임을 알고, 느낌, 애, 취함도 마음에서 일어난 것임을 안다.

취함이 마음에서 일어난 것이니 실제 하는 것으로 알던 존재인 '나'는 멸하고 실체가 없는 법으로 '나'가 일어난다.

실체가 없는 나 임에도, 나는 태어나 병들고 죽지만 실체가 없는 법이기에 고통이나 슬픔, 괴로움이 붙어 있을 곳이 없다. 하여 무명을 멸하면 모든 괴로움이 멸함을 분명히 관찰하고 몸으로 깨치게 된다.

그것을 고를 멸하는 도제라 했고, 도제를 제자들이 더 쉽게 이해할 수 있도록 8정도로 정리했다.

고로 4성제는 곧 12연기이며, 12연기법은 부처님이 된 법이요, 4성제는 제자를 가르친 법이라 한다.

12연기법을 3세三世설로 알면 고딩이야

남방불교이든 북방불교 또는 대승불교이든 12연기법을 3세설(=3세양중인과설)로 알고 있다.

그 이유는 교학 공부를 대승 불교에서는 『구사론』을, 남방불교에서는 "청정도론"을 기본으로 삼고 있는데, 두 논서는 모두 12처를 6근6경과 같은 것으로 여기듯, 비존재[마음]인 법을 존재와 같은 것으로 취급하고 있기 때문이다.

3세설이 12연기법이 아니고, 3세설은 잘못된 법이라는 것인가.

천만의 말씀이다.

3세설은 12연기법의 일부분일뿐, 전부가 아니라는 것이다. 나는 대한민국의 얼굴일 수 있어도, 대한민국이 곧 나는 아닌 것처럼.

3세설은 틀린 게 아니지만 12연기법을 그렇게만 알아서는 결코 세존의 진의를 깨달을 수 없다.

진의를 깨닫지 못하면 어떻게 온전히 깨칠 수 있겠는가.

3세양중인과설인 3세설은 세속의 진리라 한다. 그런데 윤회를 믿지 않는 우리나 유럽인에게도 3세설이 진리라 할 수 있을까? 세속의 진리는 그것을 받아들이는 사회에서 진리가 된다. 『기독경』은 기독교 안에서 진리가 틀림없지만 과학의 세계에서는 소설일 뿐이다. 3세설은 윤회를 믿는 남아시아에서는 진리지만 윤회를 믿지 않는 이들에게 세속의 진리라 할 수 있을까.

12연기법에서 조건[緣] 따라 발생한다[起]는 유전문을 전생, 현생, 후생인 3세로 설명하는 것은 윤회를 믿는 인도인에게는 신의 한 수라 할만한 절묘한 해석이 되지만, 윤회를 별로 신뢰하지 않는 사회에서 3세설은 썰일 뿐이다.

윤회설을 믿지 않는 자들에게 심봉사가 장님인 된 것이나 심청이가 불쌍하게 자란 것은 전생의 업보가 아닌 그냥 현실 모습으로 본다.

951. 무유일처경(無有一處經)

이와 같이 나는 들었다.

어느 때 부처님께서 사위국 기수급고독원에 계셨다.

그 때 세존께서 모든 비구들에게 말씀하셨다.

"중생들은 오랜 세월 동안 시작이 없는 나고 죽음에 윤회하면서도 괴로움의 본제를 알지 못하고 있다.

그러므로 어느 한 곳에서도 나지 않거나 죽지 않은 곳이 없다. 이와 같이 오랜 세월 동안 시작이 없는 나고 죽음에 윤회하면서도 괴로움의 본제를 알지 못한다. 그런 까닭에 비구들아, 마땅히 모든 존재를 끊어 없애서 더 늘어나지 않게 그렇게 공부해야 하느니라.”

부처님께서 이 경을 말씀하시자, 모든 비구들은 부처님의 말씀을 듣고 기뻐하며 받들어 행하였다.

지금도 12연기법은 3세설이라며 가르치는 것은 장님이 만진 코끼리를 코끼리 전부라고 설명하는 허방처럼 보일 때가 종종 있다.

애초 세존께서 가르친 3세설의 12연기법도 고(苦)가 어떻게 생기는 지를 관찰하고 고를 어떻게 멸할 수 있는지 밝히는 법으로 가르치는 것이었지 인도 사람들의 윤회를 설명하는 법으로 사용하는 게 목적이 아니었다. 그런데 그 당시 윤회를 유전문으로 설명하자 난리가 났다. 이제까지 나온 윤회를 설명하는 설로 가장 완벽하다는 것이었다. 하여 유전문은 3세양중인과설[3세설]이라 하여 더욱 탄탄하게 쌈박하게 조여진다. 인도에서 불교가 주류 종교가 된 가장 강력한 이유가 된 것이다.

만일 우리 인구 가운데 윤회를 믿는 자들의 숫자가 90% 아니 50%만 넘어도 12연기법을 3세설로 설명하는 것에 용을 쓸 수도 있겠지만 지금처럼 윤회를 믿지 않는 분위기에서는 세존께서 본래 가르치는 의도인 고(苦)가 어떻게 생겨 돌고 도는지를 보여주는 법으로 사용하는 게 좋지 않을까.

그런즉 12연기법은 유전문과 환멸문으로 설명하며, 유전문이란 무명이 있으면 ‘나’가 생겨 생노사를 하게 되며 그런 가운데 고가 쌓인다는 생법이요, 환멸문이란 무명을 멸하면 '나'가 사라져 더 이상 고가 생기지 않는다는 멸법이다.

961. 유아경(有我經)

이와 같이 나는 들었다.

어느 때 부처님께서 왕사성 가란다죽원에 계셨다.

그 때 출가한 어떤 바차 종족이 부처님께 찾아와 합장하고 문안인사를 드렸다. 문안인사를 다 드리고 나서 한쪽에 물러나 앉아서 부처님께 여쭈었다.

"어떻습니까? 세존이시여, 나라고 하는 것이 있다고 생각하십니까?"

그러자 세존께서는 잠자코 아무 대답이 없으셨다. 이렇게 두 번 세 번 물었으나 세존께서는 여전히 두 번 세 번 다 대답하시지 않으셨다. 그 때 출가한 바차 종족이 이렇게 생각하였다.

'내가 이미 세 번이나 사문 구담에게 여쭈어 보았으나 대답을 듣지 못했다. 나는 그만 돌아가야겠다.'

그 때 존자 아난이 부처님의 뒤에서 부채로 부처님을 부쳐드리고 있었다.

아난이 부처님께 여쭈었다.

"세존이시여, 저 출가한 바차 종족이 세 번씩이나 질문했는데도 세존께서는 왜 대답하지 않으셨습니까? 그것은 저 출가한 바차 종족으로 하여금 '사문은 내가 묻는 것에 대답하지 못한다'고 하는 잘못된 생각을 더하게 하지 않겠습니까?"

부처님께서 아난에게 말씀하셨다.

"내가 만일 나라고 하는 것이 있다고 대답한다면 그가 이전부터 가지고 있던 삿된 견해를 더 늘어나게 할 것이요, 만일 내가 나라고 하는 것은 없다고 대답한다면, 이전부터 가지고 있던 의혹이 어찌 더 늘어나지 않겠느냐? 그렇다면 그에게 본래는 나라고 하는 것이 있었는데 지금 끊어 없앴다고 말해야 하겠느냐? 만일 본래부터 나라고 하는 것이 있었다고 한다면 그것은 곧 상견(常見)이요, 지금 끊어 없앴다고 한다면 그것은 곧 단견(斷見)이다.

여래는 그 두 극단을 여의고 중도에 서서 다음과 같이 설법한다.

'이 일이 있기 때문에 이 일이 있고, 이 일이 일어나기 때문에 이 일이 생기는 것이다. 즉 무명(無明)을 연(緣)하여 행(行)이 있고,……(내지)……태어남·늙음·병듦·죽음·근심·슬픔·괴로움의 번민이 멸하느니라.'"

부처님께서 이 경을 말씀하시자, 존자 아난은 부처님의 말씀을 듣고 기뻐하며 받들어 행하였다.

12연기법에서 유전문은 생문이라 하여 윤회하는 세상을 설명한 법으로 알려져 있다. 유전문에서는 〈961. 유아경〉에 나오는 아트만 같은 자아는 항상한다는 당시 힌두교의 상견과 아트만은 생명이 세상에 나올 때 생겼다가 죽으면 사라져 다시는 없다는 새로운 사상인 유물론의 단견이 나와 서로 자기가 옳다고 주장은 지금까지 계속되고 있다.

인도의 윤회설이나 천당이든 지옥이든 영원히 사는 게 있다는 기독교의 영혼불멸설은 상견에 의지하고 있다.

단견은 유물론으로 과학과 길을 함께하며, "내일은 없다, 이 순간을 영원처럼 즐기자"라는 불꽃놀이와 같은 쾌락에 빠지는 이유가 되기도 한다.

『경』을 보면 부처님께서 어떤 질문에 대해 직답을 피하고 무기[침묵]하는 경우가 보이는데 침묵으로 답하는 대부분의 경우는 질문이 잘못되었기 때문이라는 것.

잘못된 질문이란 '나'는 선험적인 존재임 전제하고 그런 '나'가 있느냐 또는 없느냐고 질문할 때 무기, 즉답을 피한다. '나'는 선험적으로 있는 게 아니기에.

그러면서 세존은 **"'내'가 만일 나라고 하는 것이 있다고 대답한다면"**이라 하듯 스스로를 '나'라고 하지 않는가? 이상하지 않은가.

질문자는 나를 질문하면서 그 나를 선험적으로 존재하는 것을 기정사실로 여기며 질문하는 데 반해, 세존은 스스로 '나'라고 하지만 그것은 말하고 있는 자신을 '나'라고 할 뿐이다. 달리 말하면 행이 먼저 있으면 후험적으로 행한 자를 '나'라고 지칭하는 것이다.

해서 경에서 말한다.

무아anatman라 하는데 그것은 아트만atman이라는 힌두교에서 주장하는 항상하는 아트만이란 존재가 없다는 뜻으로 그것을 부정하여 무아라고 하는 것이지, 지금 생각하고, 말하고, 행하고 있는 자인 현존인 '나'가 없다고 하는 게 아님을. 그와같은 '나'가 본래 없음을 밝혀보여 주는 게 석가세존께서 가르침 연기법의 환멸문인데, 유전문을 3세양중인과설이라 하면 '나'는 3세를 전전하는 실제처럼 존재가 되니, 수행은 양파껍질을 하나 하나 벗겨 가는 것처럼 설명할 뿐이다. 고로 3세설은 완전한 연기법이 아니다.

불교에서 신이란

불교란 무엇인가?

누구나 물을 수 있는 질문이다.

그런데 불교를 오래동안 공부했다는 학자나 고승이라 해도 질문자가 만족할 만한 답을 내놓는 것은 쉽지 않다.

왜이지?

불교(佛敎)는 간단히 부처님(佛)의 가르침(敎)이고, 이때 부처님은 석가모니 부처님을 뜻한다.

그리고 불교의 핵심은 우리가 부처님이 됨[성불]이다. 하여 불교란 석가모니 부처님에서 시작해 부처님이 되는 것으로 끝나는 가르침(敎)이다.

불교가 무엇인지에 대한 무난한 답처럼 보이지만 실은 알맹이가 없다. 무엇을 부처라고 하는지가 보이지 않기 때문이다.

힌두교나 기독교, 이슬람교와 같은 종교는 이해보다 창조자에 대한 믿음을 우선하는 종교다.

기독교는 그리스도 Jesus Christ의 가르침인데, 기독교인은 예수처럼 되는 게 목표가 아니다. 예수를 아버지로 모시며 영원한 자식처럼 따를 뿐이다. 힌두교나 이슬람교도 그들 신의 계율이나 가르침을 전하며, 그것을 그냥 따른다.

그러기에 예수는 어떻게 해서 하나님의 아들이 되었는지, 그는 나와 세상을 어떻게 그리고 왜 그리 보고 있는지.. 알 필요 없이 예수의 가르침을 의심하지 않고 그의 가르침대로 살기만 하면 된다.

그게 가능한 이유는 힌두교나 기독교에서 말하는 신은 인간 보다 초월적 파워를 가진 자로 전지전능할 뿐 아니라 인간을 창조한 자이기 때문이다.

신은 인간이 상상도 어려운 전지전능한 자이기에 신에 대해 질문은 허용하지 않고 무조건 믿어야할 신앙 대상이라고 강조하고 있다.

그러나 불교는 믿음보다 이해가 우선하는 종교다.

어떤 대상이나 상황의 이유, 원리, 의미 등을 명확히 파악하고 받아들이는 것을 이해, 그것을 영어로는 understand라고 하여 교만하지 않다는 것이지만, 기독교에서 이해란 글자 그대로 인간은 신 아래 있다는 것으로 그래야만 세상을 바르게 보고 이해할 수 있다는 게 된다.

그러나 불교에서는 신이든 천사든 심지어 악마라도 차별이 없다고 아는 게 이해다. 기독교에서 인간은 신을 숭앙할 수 밖에 없는 존재가 된다. 하지만 불교에서 신은 선한 행을 아주 많이 해 그 보상으로 신이 되고, 악행을 많이 하면 그 업보로 아귀나 축생, 지옥에 갈 뿐으로 모든 생명체는 동등하다.

신이든 인간이든 자아가 있으면 윤회를 벗어나지 못한다. 부처라 불리는 이유는 자아가 없음을 깨쳤기 때문이다.

자아가 없으므로 다시 태어날 자가 없다. 부처가 되어야 하는 이유다. 부처가 되려는 종교이기에 부처가 누구인지 어떻게 하면 부처가 될 수 있는지 알아서 이해하고, 실천 수행을 해야만 한다.

이때 실천 수행은 불교를 기독교와 같은 종교라 하듯이 공통점이 있다. 그 부분은 비교할 수도 있다.

목표는 다르기에 방법도 다르지만 공통점이 많다. 특히 재가 불자의 실천과 기독교의 실천은 선행을 바탕으로 하기에 매우 비슷하다. 여기서는 공통점 보다 차이점을 알아본다.

불교는 부처님을 의지하고 따르는 종교이듯, 기독교는 유일신 야훼[하나님]와 그의 아들인 예수님을 믿고 따르는 종교이고, 이슬람교는 유일신 알라를 믿고 따르는 종교다. 힌두교는 수많은 신 가운데 최고의 신을 브라만[범천]이라 부르며 시바, 크리스티나 등 여러 신을 섬긴다.

우리 조상님들은 하늘에 계시는 최고의 신을 한님(환인, 하느님, 하나님, 한울님 등)으로 부르며 믿었다.

신을 인간과는 차원이 다른 우위 존재로 보는 기독교인이나 이슬람교인은 부처를 신보다 격이 낮은 자로 보는 경향이 많다. 여러분도 그렇게 보는지?

2500여 년 전 인도는 당시 동 아시아나 유럽이나 그랬듯이 신 중심 세계에서 인간 중심 세계로 넘어오는 시기였다.

석가부처님은 신 중심이었던 전통 사상에서 벗어나 인간 중심 세계에 서 있다. 그와같은 신과 인간이 공존하는 전환기 당시 상황을 초기 경전에 전하고 있다.

불교 초기 경전인 『상윳따 니까야』 첫번 째 경에는

거센 물결 경(S1:1) Ogha-sutta

이와 같이 나는 들었다.

한때 세존께서는 사왓티에서 제따 숲의 아나타삔디까 승원(급고독원)에 머물고 계셨다.

그때 어떤 천신(하늘사람)이 밤이 아주 깊었을 때 멋진 모습을 하고 온 제따 숲을 환하게 밝히면서 세존께 다가왔다.

세존께 절을 올린 뒤 한 곁에 섰다. 한 곁에 선 그 천신은 세존께 이와 같이 여쭈었다.

"스승이시여, 당신은 어떻게 거센 물결을 건넜습니까"

"벗이여, 나는 머무르지도 않고 너무 애를 쓰지도 않고 거센 물결을 건넜노라."

"스승이시여, 그렇지만 머무르지도 않고 너무 애를 쓰지도 않고서, 어떻게 거센 물결을 건널 수 있었습니까?"

"벗이여, 내가 멈출 때 나는 가라앉아 버렸다. 내가 (건너려고) 애를 쓸 때 휩쓸려나가 버렸다. 이처럼 나는 멈추지 않고 너무 애를 쓰지 않았기 때문에 폭류를 건널 수 있었다."

[천신]

"참으로 오랜만에 완전한 평화 얻은(번뇌를 모두 소멸한) 진정한 바라문을 저는 친견했습니다.

그분은 머무르지도 않고 너무 애를 쓰지도 않으면서 세상에 대한 집착을 모두 건넜습니다."

그 천신은 이렇게 말하였고 스승께서는 그의 말에 동의하셨다.

그러자 그 천신은 '스승께서는 나의 말에 동의하셨구나.'

라고 안 뒤 세존께 절을 올리고 오른쪽으로 세 번 돌아 경의를 표한 뒤에 거기서 사라졌다.

『거센 물결 경』 내용은 천신이 부처님에게 어떤 방법의 수행으로 구경 열반 그 자리에 오를 수 있었느냐고 물으니 세존은 중용적인, 중도가 아님, 수행법으로 이 자리에 왔다고 대답한다.

내용도 중요하지만 경에 나오는 장면을 떠 올리면 하늘에 존재하는 신이 부처님을 찾아와 질문을 하고 답을 듣고는 감동하여 경의를 표하고 돌아간다. 질문자가 석가모니 제자나 사람이 아닌 신이라는 것이 포인트이다.

부처님 당시 인도에는 수많은 신이 있고 사람들은 그런 신을 존경하고 따른다. 인도인들 다수가 인간보다 뛰어난 능력을 가진 신이 일체를 창조했다고 믿고 있는 가운데 석가모니는 6도윤회하듯, 신은 전생에 인간 세상에서 수많은 선행과 수행을 하여 높은 경지에 오르면 그 결과 신이 되어 하늘에 머물며 인간의 수명으로 헤아릴 수 없는 영생에 가까운 삶을 산다고 했다. 인간들은 그런 신을 믿고 숭배하며 따르고 있었다.

불교 초기 경전으로 남 인도에서 수집정리된 『쌍윳다 니까야』에 제일 첫 번째 경으로 신이 부처님에게 경배드리는 내용을 수집 정리한 이유는 석가세존의 위치가 인간 뿐 아니라 천신에게도 존경받는 분임을 보여주려는 의도가 있는게 아닌지. 또 다른 초기 경전으로 북 인도에서 수집 정리된 『잡아함경』을 보면..

잡. 1294. 무소구경(無所求經)

이와 같이 나는 들었다.

어느 때 부처님께서 사위국 기수급고독원에 계셨다.

그 때 얼굴이 아주 잘생긴 어떤 천자가 새벽에 부처님께서 계신 곳으로 찾아와 부처님의 발에 머리를 조아려 예를 올리고 한쪽에 물러나 앉아 있었는데, 그의 온몸에서 나오는 광명은 기수급고독원을 두루 비추었다.

그 때 그 천자가 게송으로 부처님께 아뢰었다.

"큰 힘을 가진 자재(自在)로운 즐거움은 구하는 것 얻지 못함이 없는 데 있다. 무엇이 그것보다 더 훌륭한 게 있으랴. 일체 하고 싶은 것 갖추었기 때문이다."

그 때 부처님께서 게송으로 대답하셨다.

"큰 힘을 가진 자재로운 즐거움은 그야말로 구하는 게 아무것도 없는 것이다. 만일 욕심을 내어 구하는 것 있으면 그것은 괴로움이요 즐거움이 아니다. 구하는 것에서 이미 벗어났다면 이것이 곧 그것보다 즐거운 것이니라."

그 때 그 천자는 다시 게송으로 말하였다.

"오래 전에 바라문을 보았는데 그 바라문은 반열반을 얻어 모든 두려움에서 이미 벗어났고 세상 은애(恩愛)까지 모두 벗어났네."

그 때 그 천자는 부처님의 말씀을 듣고 기뻐하면서, 부처님의 발에 머리를 조아려 예를 올리고 곧 사라지더니 나타나지 않았다.

자유자재한 자재천이 은근히 자신을 뽐내며 부처님을 시험(?)하는 듯한 내용을 읊으니, 부처님은 지극한 자유자재라면서 구하려는 게 있으면 욕심이 아닌가 하는 것. 그 말은 자유자재한 내가 있다는 것인데.. 내[유아]가 있으면 더 수행해야 하는 단계가 아닌가?

부처라 불리려면 나라는 아상이 없다.

여기서도 내용도 중요하지만 장면은 『니까야』에 올린 것처럼 최고의 천신이 부처님께 내려와 부처님 답변을 듣고 경의를 표하고 돌아가고 있다.

비씨 4,5세기 초기불교 시대 세계관을 보면, 신과 인간이 공존하고 있는 세계로 영화 슈퍼 맨을 보듯 신은 인간보다 능력이 훨씬 뛰어난 존재다. 그런데 부처님은 일체 신이 존경하고 배운다. 부처님은 신에게 존경받는 스승[천인사]이라는 것이다.

보통 불자라면 여기까지 듣고 아하, 내가 의지하고 따르는 부처님은 신에게 조차 스승이 되는 분이구나! 하고 천신처럼 경의를 표하고 흐뭇한 마음으로 돌아가도 된다. 그런데 무엇이 신을 인간인 부처님을 존경하도록 하는걸까?

신마저 알고 싶어하고, 배우고 싶어하며, 도달하고자 하는 부처의 경지는 무엇인지.. 우리가 공부해야 하는 것은 바로 그 지점이다.

그리고 당신이 불자라면 어찌 이웃 종교인들은 천인사인 부처님을 자기들이 믿고 의지하는 신보다는 못하지만 훌륭한 인간으로만 보려 할까하며 그들의 무지를 바꾸어 줄 수 있는 방법까지 연구해 보아야 하리라. 분명한 것은 어떤 신이든 자아가 있지만, 부처님은 자아를 멸해 없다는 것이다.

깨달음[이해]과 깨침[실천]

불교는 깨달음의 종교라 한다.

깨달음이란 불교에 대한 이해(解 understanding) 이면서 불교 수행을 통한 깨침(覺, 悟 Enlightenment)의 의미를 포함하고 있다.

그런 가운데 보다 더 바른 불교를 이해시키기 위해서 불교 학자[논사, 解者]는 깨달음의 길을, 참선 수행자나 염불자는 깨침을 향한 수행자[行者]로 나누어 이해하는 게 훨 낫다고 본다. 그리 알면 학자이면서 수행 역시 열심히 하는 이라면 깨달음을 넘어 깨치려는 불자라 하겠다.

이것을 바탕으로 나는 불자라 하면 불법승 3보에 귀의하고 절에 열심히 다니는 신자(信者), 믿음이 커져 교학에 관심을 갖고 수행하는 해자(解者), 교학을 공부하지만 부처님처럼 되려 참선 등 수행에 관심을 갖고 공부하는 행자(行者). 하여 중도, 무상, 공, 무아를 깨친 증자(證者, 승자)로 나누기도 했다.

『법화경』을 최고의 경이라 하며 항상 가까이하며 공부하는 자는 스스로 법화행자라 부른다. 그렇게 부르는 이유는 『법화경』은 불법이 무엇인지 이해하고 전하려고 세상에 나온 경이 아니라, 『법화경』을 전하며 수행하는 목적으로 세상에 나왔음을 분명히 하려는 것으로 보인다.

그만큼 불교는 이해보다 실천을 강조하고 있다.

21세기가 되어도 불교는 실천이 중요하다는 것은 변함이 없는데 이해 역시 중요함이 강조되는 시대가 되었다. 과거에 불법 이해는 소수만이 할 수 있는 영역이었다. 교육은 모두에게 주어진 게 아니라 양반이나 귀족만이 받을 수 있는 특권이었다. 하지만 이제 교육은 한국인이라면 누구나 받아야만 국민 권리가 되어 국민의 이해력이 과거와는 비교할 수 만큼 높아져 쉽지 않은 불교이지만 충분히 이해할 수 있는 수준이 되었다. 해서 불교에 대한 바른 이해가 없으면 바른 실천이 어렵다고 말하는 시절이 되어, 불교에 대한 이해와 실천을 나누어 보여주는 시대가 된 것이다. 하여 실천인 깨침과 이해인 깨달음을 구별하여 말하고 이해해야 한다.

깨침과 깨달음은 어떻게 다른가. 미국 뉴욕에 있는 스토니브룩 대학에서 불교를 가르치고 전한 박성배 교수는 저서 『깨침과 깨달음』에서 이렇게 구분한다.

"깨달음이 지적 이해의 차원이라면, 깨침이란 그 앎이 송두리째 난파당하는 경험"이라고 그 차이점을 밝히고 있다.

즉 깨달음은 내가 12연기법의 유전문과 환멸문을 분명히 이해한 것이라면, 깨침은 내가 없음인 환멸문을 성취한 게 된다.

그것을 불교 수행의 네 단계로 보면 깨달음은 수다원이고, 수다원을 닦아 점점 깊어지면 사다함, 아나함을 거쳐 꼴이라 할 수 있는 아라한이라는 깨침이 일어난다.

상좌부 불교를 전승한 남방 불교의 특징은 출가자를 위한 불교다. 하여 그들은 깨달음의 길인 불교 이해와 깨침의 길인 수행을 함께 닦아왔다. 그에 반해 인도 북방 불교에서 동 아시아에 전해진 대승 불교는 출가자 뿐 아니라 재가자를 품고 있었기에 지혜인 반야를 앞에 놓고 있지만 『경』의 깨달음 보다 선정 수행을 중시하는 선종과 염불을 중시하는 염불종이 주류가 되었다. 그러기에 남방불교 지도자나 선지식은 논리적인 설명으로 법을 설하는 데 반해 북방불교 선지식은 "산은 산이요, 물은 물이로다"하듯 불성을 통한 교외별전이나 이심전심을 강조하고 선 수행을 기반으로 법을 설한다.

이런 분위기에서 이해인 깨달음과 수행인 깨침을 나누어 구별하려는 의도는 불교 안에서 경전의 중요성을, 불교 이해의 중요성을 세상에 알려 현대 과학과 어긋남 없이 통하는 불교의 특징과 우수성을 알도록 하려는 것이다.

20세기는 세계가 한 집안이 된 시기다. 우리나라는 종교의 자유를 헌법에 명시했다. 그 말은 종교가 생존이 있는 경쟁 사회에 던져졌음을 말한다. 불교가 사회에서 정당한 대접을 받으려면 불자가 아니더라도 그 사회가 불교를 바르게 알고 있어야만 한다.

불교는 남녀출가자와 남녀재가자 4부 대중이 함께 모여 있다.

출가자는 수행자라 하듯 24시간 불교 속에 생활하니 불교에 대한 이해와 실천이 깊다. 재가자는 사회에서 직업을 갖고 생활을 하니 불교를 접하는 데 한계가 있다.

조금은 부끄러운 지적인데, 불교 안에서 재가자를 보면 깨달음인 이해를 너무 소홀히 취급하여 30년 불자나 1년 된 초보 불자나 불교에 대한 이해는 별 차이가 없다.

깨달음은 시간 속에 배우고 익히며 자라나는 것으로 불교 안에서 교육만 제대로 지켜진다면 30년 불자의 깨달음 무게는 1년 초보 불자와는 분명 다를 것이다.

만일 어떤 이가 처음 불교 안으로 들어왔을 때 불교 기초 교리를 제대로 가르쳐주어 30년 동안 배운 것으로 틈틈히 사유하며 왔다면 불교를 얼마나 잘 알고 있을까? 그런데 처음부터 불교를 제대로 가르쳐 주지 않았다.

30년이 지나도 바람이 그물망을 빠져 나가듯 쌓이는 게 거의 없이 그동안 몸만 왔다갔다한 꼴이다.

불교는 8만 대장경이 있는 어마무시한 종교다. 그 안에 율장, 경장, 논장이 있는데 출가자라 해도 생전에 시작에서 끝까지 제대로 독파할 수 없을 만큼 많은 경전이다. 그렇게 많은 경전을 그것도 재가자가 깨달음이라 하여 공부를 해야한다는 것인가?

다시 깨달음이란 무엇이고, 깨침이란 무엇인가?

〈잡. 1-1. 무상경〉을 보면,

색(色)은 무상하다 관하라. 이렇게 관하는 게 바른 관찰[正觀]이다. 바르게 관찰하면 곧 싫어하여 떠날 마음이 생기고, 싫어하여 떠날 마음이 생기면 기뻐하고 탐하는 마음이 없어지며, 기뻐하고 탐하는 마음이 없어지면 이것을 심해탈(心解脫)이라 하느니라. 이와 같이 수(受)·상(想)·행(行)·식(識)도 또한 무상하다고 관찰하라. 이렇게 관찰하면 그것은 바른 관찰이니라.

깨달음이란 〈잡 1경〉에 나오는 5온이 무상임을 이해하는 공부요, 깨침은 5온이 무상임을 수행으로 깨치는 공부다.

만일 5온이 무상하다는 것에 대한 깨달음이 있다면 주위에 있는 자들에게 불교가 무엇인지 또는 이웃 종교에서 전하는 그들의 종교와 어떤 차이가 있는지 분명히 구별하여 설명하고 더 나아가 이해시킬 수 있다. 그 말은 종교 경쟁 사회에서 우뚝 솟을 수 있으면서 사람을 살리는 금강검을 갖고 있는 게 된다.

그리고 상대가 5온이 무상임을 이해를 너머 몸으로 깨치면 어떻게 되느냐고 물을 때, 깨친 분인 성철큰스님이나 주위에서 열심히 보살행을 하시는 이들을 예를 들어 저리 된다고 하면 되는 것이다.

출가자는 전법자가 되어야 하니 경이나 불법에 대해 평소 많이 알고 있는데, 재가자가 깨달아야할 불교 내용은 무엇일까?

간단히 결론을 먼저 말하면, 12연기법, 4성제, 12처, 18계, 5온 그리고 중도 등으로 생각보다 많지 않다.

그것은 우리가 항상 곁에 두고 있는 『반야심경』안에 있는 내용 아닌가. 그것들은 기초 또는 근본 교리라 하여 세상에 이미 나와있다. 그 이상 불법에 대한 내용이라면 그것은 출가자인 스님이나 불교 학자에게 묻거나 일임하면 된다.

여기에 실리는 내용은 모두 불교 근본교리 안에 또는 그 주변에 머물고 있는 것으로 근본교리 이해를 높이면서, 이해 정도에 따라 자신의 이해가 달라질 것이다.

불교 안에서 재가자란 무엇을 공부하는 이들인가.

『잡아함경』맨 처음에 나오는 〈1. 무상경〉을 보고 "**색(色)은 무상하다 관하라. 이렇게 관하는 게 바른 관[正觀]이다. 이것을 심해탈(心解脫)이라 하느니라.**

이 내용이 무엇인지.. 하고 사유를 하여 깨달으려는 공부요,

이와 같이 비구들아, 마음이 해탈한 사람은 만일 스스로 증득하고자 하면 곧 스스로 증득할 수 있으니, 이른바 '나의 생은 이미 다하고 범행은 이미 섰으며, 할 일은 이미 마쳐 후세의 몸을 받지 않는다'고 스스로 아느니라."

위 내용대로 수행하여 색을 포함한 5온이 무상이요, 후세의 몸을 받지 않음을 스스로 아는 무아임을 깨치려는 공부다.

하여 불자란 깨달으려는 자와 깨치려는 자가 함께 있는 종교이고, 불교란 자기자신 뿐 아니라 우리 모두가 자유를 누리고, 행복과 사랑이 가득 찬 사회로 향하도록 하는 종교이기에 사회 운동에 앞장서는 보살행을 강조하는 종교인 것이다.

이해는 꽃, 깨침은 열매

공부가 거진 완성된 50대인 신수 스님이 현재 자신의 경계를 밝히라는 스승이신 5조 홍인 대사의 부름에 제자를 대표해 그 경계를 글로 벽에 밝혀 붙여놓았으니

몸은 보리수요 마음은 맑은 거울이니
그때그때 털고 닦아 먼지 끼지 않게 하리.

몸과 맘에 먼지가 생기면 때때로 먼지를 닦아낸다는 5언절구였다.
그 신수 스님이 붙인 시 내용을 들은 행자승인 젊은 혜능은 기다리고 있었다는 듯 같은 5언절구로 벽에 붙인다.

보리란 나무는 본래 없고 거울 또한 있는 게 아니다.
본래 아무것도 없는데 어디에 먼지가 끼랴.

보리와 거울이 본래 있던가?

본래 아무 것도 없거늘 먼지인들 있을손가.

이렇게 두 시를 비교해 놓으니, 선이나 깨침이 무엇인지 모르는 문외한이 보아도 신수보다 혜능이 더 깊고 높은 것처럼 보여, 천재라 칭송받았던 50대 신수보다 무식한 20대 청년으로만 보이던 혜능이 단박에 주인공이 되고 있지 아니한가.

혜능이 무식하다는 것은 그는 홀어머니를 모시고 살아야 했던 가난한 나무꾼이었기 때문이다.

명문대를 나와야만 사람대접받는 21세기 대한민국 같은 나라였다면 스펙이 없는 초딩 끈인 혜능을 6조라 칭송하며 어찌 부처님처럼 대접할 꿈이나 꿀 수 있으리오.

혜능은 학문의 끈이 짧아 무식했지만 지혜가 모지리인 무지는 아니었다. 하여 그가 선법을 가르칠 때 스펙 좋은 기라성같은 훌륭한 제자들이 모여들었고, 제자들의 풍년 속에 천재 신수 대사를 제치고 남종선 6조로, 중국 부처님으로 존경받으며 지금에 이른다.

혜능이 홀 어머니를 모시며 나무꾼으로 살고 있던 어느 날 객실에서 누군가 독송하는 소리가 들리는데, "대상이 무엇이든 그것에 머물지 않으며 마음을 내어라" 이란 말이 들리자 그냥 혜능 귀에 꽂혔다고.

혜능은 독송하던 이에게 『경』의 자세한 설명을 부탁하니, 혜능의 능력을 알아본 그는 이것은 불교의 『금강경』으로 참 뜻을 알고 싶다면 5조 홍인이 머물고 있는 절에 가라고 간곡히 일렀던 것이다.

이제 혜능은 더 이상 배움 없어도 상대가 누구이든 자신이 어떤 처지에 있든 걸림 없이 담담하게 살아갈 수 있는 보물이 생겼다.

그와 같은 귀한 보물을 가르치고 배우는 이들이 모여 있다니 그런 사람들은 어떻게 살고 있는지 궁금해졌다.

하여 큰 마음을 내어 홍인 스님이 머무는 오조사에 갔는데, 『금강경』대로 사는 줄로만 알았던 그곳 역시 권위와 스펙이 우선하는 사회였음에 애잔한 마음이 들었다. 하여 이곳을 떠날까 말까 망설이고 있는 데 제자들 사이에서 대단한 스펙으로 존경받는 신수의 5언 절구를 만났고 그에 대한 자신의 느낌을 허심탄회하게 말한 것이다.

신수 대형, 보리와 마음이 본래 없거늘 먼지인들 있겠습니까!

만일 신수를 존경하는 제자들이 저 시를 본다면 혜능의 능력을 인정하기 앞서 그를 질시하여 송충이 만난 듯 제거하려 하지 않을까? 잘났으면 잘난 대로 모지리면 모지리로 살면 살만한 세상이련만 모지리가 잘난 척하며 사람 위에 서려는 것처럼 보이면 사달이 일어나니 그것은 지금도 달라지지 않았다.

보리수와 마음, 명경대를 이리저리 생각하던 내게 문득 본래 아무것도 없다는 '본래무일물'이란 말에 눈이 멈춘다.

우주에서 빅뱅이 일어나기 전에 무엇이 있었나?

알 수 없지만 한 티끌에 불과한 빅뱅 이전에는 지금 존재하고 있는 일체는 없었다 하고 우리는 그 주장에 동의를 한다.

그처럼 본래는 아무것도 없다는 것이 곧 무일물(無一物)이다.

부모미생전 본래면목, 부모에게 태어나기 전 본래모습은 무일물이다.

혜능 5언절구에 안성맞춤으로 딱 들어맞는 '본래무일물'이란 문구를 그 당시 무식한 혜능이 어떻게 알고 있었을까?

당시 혜능은 글을 몰랐기에 혜능이 하고픈 말을 듣고 누군가에게 부탁하여 5언절구로 만들어 붙여 놓았다 하니, 그 누군가는 이미 '본래무일물'이란 말과 그 뜻을 알고 있었다는 게 된다.

하여 '本來無一物' 검색을 해 보았는데 혜능의 5언절구 이전 기록은 찾아볼 수 없었다.

단지 여기서 나의 의문은 언어 고증이 아닌, '본래무일물'이란 의미의 깊이에 대한 의심이다.

사과나무가 있으면,

나무를 사진대로 보는 자가 대부분이지만,

나무를 구조와 메커니즘으로 보려는 자가 있고,

나무를 희로애락으로 보는 자가 있다.

보이는 대로 보는 자가 있고, 보고픈 대로 보는 자도 있지만 아는 만큼 본다는 말이 있다.

젊은 혜능이 보는 본래무일물인 마음은 신수가 보는 명경대인 마음과 어떤 차이가 있을까.

진리에 대해 석가세존이 하신 말이 있다.

진리 인식이 있고, 진리 이해가 있으며, 진리 실천이 있다.

진리는 성스러운 자의 가르침이라 하여 진리가 되고 그것을 많은 사람들이 인정한다 하여 진리가 되는 게 아니다. 진리라는 인식이 생기면, 진리에 대한 이해를 해야 한다. 그렇다고 그것이 진리가 되는 것이 아니다.

이해가 있으면 실천하고 경험하여 틀림없음을 확인해야만 한다.

그때야 비로소 진리라 할 수 있다.

젊은 혜능이 보리나무가 본래 없음을 빅뱅 이전인 본래모습을 보고 확인했다는 건가?

혜능이 더럽혀진 마음을 닦아 거울처럼 만들 수 없음을 어떻게 알았을까.

본래무일물이라면 그는 무엇으로 어떻게 확인했을까.

무상인 가운데 있는 것은 있고, 없는 것은 없다.

없음에서 생기는 게 없고, 있음은 변할 뿐 없어지지 않는다.

본래무일물이라면 본래무일물이라는 생각도 없다.

일체유심조라 하듯 일체가 마음의 조작으로 생긴 것은 틀림없다 해도 조작되기 전 일체의 본래면목은 아무것도 없다가 아니다.

아무것도 없는 게 아니기에 우리가 아는 모습의 마음이 아닐지라도 변화가 있고 먼지나 티끌 같은 때가 묻고 생긴다. 고로 무일물은 무무일물(無無一物), 무일물이 아니다.

혜능은 도망치듯 홍인 대사를 떠나 자기가 깨친 바를 점검하는 시간을 통해 세상과 소통하는 방법을 익힌다. 그가 세존이 다섯 사문을 만나듯 다시 세상으로 나와 어느 절에 들렀는데 대중들이 펄럭이는 깃발을 보면 "바람이 움직이는가, 깃발이 움직이는가?"를 두고 논쟁을 벌이고 있다. 그에 대해 혜능이 "바람도 깃발도 아니다. 움직이는 것은 마음이다"라고 하여 대중들을 놀라게 하며 그를 존중하기 시작했다.

이 답이 맞다면 이때 마음은 무일물인가?

바람이 아니고 깃발이 아닌 마음이 무일물이라면 무엇을 움직일 수 있는가.

움직이는 마음이라 깃발도 움직이고, 바람도 움직인다면 마음이 멈추면 깃발이 멈추고, 바람이 멈추는가. 마음은 대상을 만나 일어나는 것으로 마음이 스스로 움직이지 아니 한다.

본래무일물이라는 혜능의 5언절구를 보며 답을 한다.

몸과 마음이 본래 없는 것이라면 무엇이 있어 본래 없음[무일물]을 보고 아는가.

먼지가 보이면 닦고 먼지 끼지 않으면 닦지 않을 뿐!

바람이나 깃발은 존재가 아닌 마음에서 생긴 법이라는 일체유심조는 선사의 가르침이 아니라 화엄경에 나오는 교종의 가르침으로 '일체 근본은 12처요, 12처는 마음에서 생긴다'는 석가세존의 가르침에서 전해진 것을 교외별전이라 하는데 무엇이 교외별전인가.

12연기법으로 보면 유전문은 무명이 있으면 나무와 거울이 생기고, 괴로움과 다툼이 생긴다.

환멸문은 무명을 멸하면 나무나 거울이 존재가 아님을 깨달으니 괴로움과 다툼이 무색해진다.

무명을 멸하면 아무것도 없다는 게 아니다 그냥 변할 뿐[무상 무존재]. 석가 수행자가 보리수 아래에서 부처님이 되셨지만 몸과 마음은 사라진 게 아니어서 80세에 열반에 드셨다.

본래무일물이란 본래 아무것도 없어서, 지금 여기에 있는 것은 아무 것도 없다는 게 아니다. 우리가 접하고 하는 일체는 마음에서 생긴 12처에 의해 일어난 것으로 무상이요 무아임을 설명하는 것인데.. 그것이 본래무일물이거늘 어느 누가 그것을 알았을까.

백척간두 진일보

백척간두진일보(百尺竿頭進一步)는 날카로운 송곳 같은 말로 긴장감이 극을 이룬다. 10층 높이 장대 끝을 벗어난 곳은 허공이듯, 거기에서 한 발을 나아가면 자칫 죽거나 크게 다칠 수 있다.

부드럽고 편한 말도 얼마든지 있을 터인데 선종의 선지식들은 제자들을 왜 이토록 긴장토록 할까.

참선 수행자의 용맹 정진은 아주 날카로워 자칫 엉뚱한 곳에 이르거나 베일 수 있다. 그러기에 찰라라 할지라도 정신을 날카롭게 다듬어 한 순간도 흐트러짐 없이 조심해야만 한다. 백척간두는 그런 제자에 대한 사랑이 스승의 염려로 담겨있기에 긴장감이 흐른다.

학인이 조주 선지식을 찾아와 묻는다.

"경전에 이르길 일체는 불성이 있다고 했습니다. 그렇다면 삼복이 시작되는 여름, 오늘내일 생명을 잃을 처지에 놓인 개도 불성이 있습니까?" 조주는 답한다. "없어[무]!"

순간 학인은 깜깜해졌다. 부처님은 일체는 불성이 있다고 하셨으니, 개 역시 불성이 있다고 해야만 하는데, 조주 스님은 없다고 하네!?

논리 세계에서 무논리로 들어가는 순간이다. 무논리가 들어오면 '무슨 말도 안 되는 소릴!' 하며 무시하는 게 일상이다.

그런데 그렇게 무시할 수 있는 상대가 아니라면?

답을 구하는 시간은 찰나적 방심도 허락하지 않는다.

'이게 무언가..'

논리에서 무논리로, 유아라는 존재 세계에서 무아라는 무존재 세계로 넘어간다는 것은 간단한 사건이 아니다.

지금까지 걸어왔던 것과는 전혀 다른 세계라 넘어가는 순간이다.

전혀 다른 차원의 세계, 그 세계로 들어가는 계단은 없어 점프만이 가능한데.. 점프하려면 말로 표현할 수 없을 만큼의 용기가 필요하다. 자칫 실수하면 곧 죽음이다. 긴장하라. 방심하지 말라. 아차! 하는 순간 평생을 망친다.

고락 중도란 수행으로 보면 고행이 아니요, 쾌락도 아니라고 하지만 겉은 쾌락을 비판하고 속은 고행을 비판하고 있다. 아무런 이익도 없이 몸만 망치는 고행을 하지 말라. 당시 고행자의 목표는 사후에 영생jiva을 얻는 것이었다.

그런데 석가세존께서 깨치고 보니 지바라는 존재는 마음이 만들어 낸 것일 뿐 실제로 존재할 수 없는 거였다.

없는 것을 구하고자 고행을 한다면 구하려는 결과가 없는 몸만 망치는 수행 아니냐 말이다. 쾌락은 저속하니 가까이하지 말라고 했지만, 쾌락은 핸드폰이나 게임에 중독된 자들처럼 지금 여기서 행복하고 즐거워하자는 것이니 고행보다 차라리 낫지 않은가?

현대 과학의 산물인 모바일 게임에 대부분의 젊은이들은 함몰되어 있다. 그들은 본인이 알든 모르든 모두 쾌락을 추구하는 자가 된 것이다. 게임하는 도중 생기는 이기고 지는 승부에 의해 즐거움만 있을 수 없지만 게임하는 그 자체가 쾌락이다.

쾌락은 내일을 염려하는 게 아닌 오직 지금에 열중한다. 석가모니는 내일이 없는 오늘만 보는 것을 매우 염려했다.

쾌락의 늪에 빠지면 불교는 물론 모든 종교를 멀리하게 된다.

내일이 의미 없기에 중도를 설명하면서 고행보다 더 경계해야 할 것으로 쾌락에 빠지는 것을 1급 경계령으로 내리는 이유가 그것이다. 고행은 잘못을 알면 바른 길로 가는 것이 어렵지 않지만 쾌락에 취해있으면 마치 마약에 취한 자가 정도로 돌아오는 게 아주 어렵듯이 빠져 나오는 게 쉽지않다.

단상중도라 했다.

우리는 오직 한 번 뿐인 삶인가[단멸견] 아니면 천국에 가 영원히 사는 것인가[상견] 아니면 윤회하는 존재인가.

중도란 한 번뿐인 삶인 단멸이 아니요, 천국이나 윤회하는 삶으로 항상하는 것도 아니니, 그것을 중도라 했다.

과학은 인간은 물질과 비물질이 결합해 있는 존재로 몸이 죽으면 그것으로 끝이라는 단멸론을 주장하고 있지만 소수의 과학자들은 사후 인간에 대한 관찰과 탐구를 열심히 하고 있다.

몸이 죽은 후 죽지 않는 게 있다면 그것은 천국과 같은 어딘가에 머물고 있거나 아니면 다른 몸을 받아 윤회해야 할 것이다. 그런데 만일 과학자들이 사후에 소멸하지 않는 무언가를 발견했다고 하면 그것은 자이나교의 지바[존재 물질]와 같은 것으로 중도를 가르치는 부처님 입장에서는 별의미 없는 소득일 뿐이다.

중도라 하여 가운데[중middle]라고 했지만 가운데를 지적하려는 게 아닌, 단상중도는 이것이나 저것 양 극단 뿐 아니라 양극을 포함한 존재 일체를 부정하고 있다.

세간이란 주체인 나[자아]가 중심인 세계다. 관찰 대상과 관찰자인 자아를 부정할 수 없는 유물론인 현대 과학은 몸이 죽어도 영이나 혼이라 하여 남는 게 있다는 확실한 증명이 아직 없고, 천국이나 윤회 역시 증명되지 않고 있으므로 한번뿐인 생이라고 하듯 단멸론이 된다. 단멸론은 천국이나 윤회를 주장하는 상주론을 비판하면서 나온 주장이다.

다음 생은 없고 이 생만 인정하며 관심을 갖는 쾌락주의는 단멸론과 연결된다. 쾌락은 단멸론으로, 고행은 항상론으로 연결되는 데, 둘의 공통점이 보이는지?

이 생 한번 뿐인 자아든 윤회하는 자아든, 자아가 있다는 공통점이 있다.

석가세존이 중도를 통해 말하려는 것은 한번만 존재하는 자아나 항상 하는 자아, 그런 존재는 없다는 것이다. 그럼 어떤 자아가 있는가?

나는 한 번뿐인 생이 아니요, 그렇다고 죽으면 다시 태어나는 나가 아니라면, 이런 모든 설명을 듣고 생각하는 나를 없다고 하는 게 아닌가?

"나는 없다 [무아]라고 하지 말라. 없다고 하는 그것을 보고 있는 나가 지금 여기에 이렇게 분명히 있는데 어떻게 없다고 할 수 있는가?" 지금 여기서 그렇게 보고 느끼고 생각하고 말하는 자는 틀림없이 있으므로 그것은 선험적으로 또는 유물론자처럼 5온과 함께 생긴 주인인 내가 행위를 한다는 것으로 주장하지만, 불교에서는 행위를 우선하여 존재하는 '나'는 없다.

행위가 있으면 그것을 아는 자가 선행을 하면 선한 과보를 받고, 악행은 악한 과보를 받을 때, 그렇게 행하고 받는 자를 후험적인 나라고 하는데.. 후험적으로 생긴 나는 무아를 깨치기 전까지 인과업보를 받는 주체처럼 보인다. 이렇듯 후험적으로 생기는 게 나이건만, 우리는 후험적으로 생긴 내가 세상에 태어나 살다가 죽는 것으로 안다. 그런 나는 없다. 세상에 태어나 살다가 죽는 자를 나라고 할 뿐이다.

힌두교에서는 브라흐마라는 신이 자신을 쪼개어 인간을 만들었다고 한다. 미세한 분자나 세포처럼 쪼개진 하나 하나 신 조각을 아트만이라 하여 아트만이 주인이 되어 세상에 태어나는 것이라 하지만 그런 아트만은 없다는 것이다.

이렇게 보기 시작하면 중도가 무엇을 가리키려는 것인지 짐작할 수 있다.

10층 옥상에서 진일보가 왜 나왔을까? 무아가 무엇인지를 말하려다 보니… 존재가 없는 세계로 허공으로 나아가야 한다고 말하려다 보니… 그런 말이 나온 게 아닌가.

선지식에게 진리가 무엇이냐고 물으면 그 쉬운 걸 질문이라고 하냐며 빙그레 웃으며 핀잔하는 장면이 나온다.

어떻게 하면 당신 앞에 있는 내가 진일보를 할 수 있습니까?

없어[무!]. 진일보할 수 있는 자는 본래 없다구. 그러니 진일보했다고 바닥으로 떨어질 나는 없다고.

답은 아는데 몸이 따르지 않는다.

왜 몸이 따르지 않을까? 몸 주인이라고 아는 자[나]가 겁을 먹고 있기 때문이다.

어린아이는 10층 꼭대기라 해도 앞으로 나아간다. 하룻강아지 범 무서운 줄 모른다고 아직 나라는 의식이 뚜렷이 생기지 않았으므로. 우리는 겁을 먹는다. 이 몸의 주인인 나가 죽을 수 있다는 것에 겁을 먹었기에.

한번뿐인 나 또는 천국에 가는 나나 윤회하는 나, 그런 나가 있어, 그 나를 위한 행위를 할 때 이기적이라고 한다.

이기를 다른 말로 탐욕이라고 한다.

인간은 그냥 동물이 아니라 이기적 동물이다.

인간은 생각하는 동물인데 구체적으로 말하면 이기적으로 생각하는 동물이다.

석가모니가 수행자 시절 명상을 하고 고행을 한 것은 보통 사람들이 당연한 것으로 여기는 자아가 있어, 그 자아가 열반에 이르려했던 수행이었다. 자아atman가 있다는 것은 이기적인 자가 있다는 것.

수행자가 석가모니가 부처님 석가모니가 되었다는 것은 그런 그가 이기적인 자아가 없음을 이치로 깨달아, 고행을 멈추고 보리수 아래에서 이기적인 자아가 본래 없음을 몸으로 깨쳤다는 게 된다.

석가세존이 가르치는 제자들에게 가르치는 핵심은 무지에서 생긴 이기적 탐욕에서 벗어나는 길로, 무지와 탐욕에서 벗어나는 3행 몸말뜻[身口意] 수행이 강조된다. 자아는 무지와 탐욕에서 생긴 자식이기에.

많은 이들이 중도를 말하면서도 실패하는 이유는 바로 중도를 주장하는 자신이 무지와 탐욕을 벗어나지 못하고 있기 때문이다.

무지를 벗어난다는 것은 이 몸과 생각의 주체인 나가 없음을 깨닫는 것이다.

나가 없다는 무아는 석가가 가르친 이래 그 자리에 이른 자가 있기는 있느냐고 물을 만큼 깨닫는 게 어렵다.

그뿐 아니다. 무아를 잘 이해했다 해도 그것이 말과 몸에 익지 않으면 공허한 지식에 불과하다.

제삼자적 길로 불리는 중도가 실패할 수밖에 없는 것은 이것[좌]과 저것[우] 둘의 갈등을 해소하고 진정한 자유와 사랑과 평화로운 자리에 이르려면 본원적인 출발부터 달라야 한다.

그러기 위해 이것이나 저것에서 떠나야 한다. 둘 모두를 부정해야만 한다. 장대 꼭대기는 반대편 장대 바닥과 양극을 이루고 보통은 그 사이에 있다. 석가의 수행은 장대 꼭대기에 올라 거기서 자신이 목적을 이루려는 것이었다. 그것은 실패할 수밖에 없었고, 실패를 거듭하는 가운데 극적으로 발견한 것이 양극을 벗어나려는 자아 없음인 무아였고, 무아를 깨치려면 이기의 대명사인 탐욕을 버리는 중도를 닦아야만 하는 것이었다.

그런데 우리가 사는 현실은 어떠한가. 자본주의라는 머니라는 이기적 탐욕이 주인인 구조 속에서 중도를 닦는 것은 자본주의 사회에서 성공인 출세를 포기하라는 것으로 굶어 죽어라 하는 것과 별 차이가 없지 않은가.

약육강식 적자생존 경쟁사회에서 살아남는 길은 무조건 이기적인 행위를 우선해야만 한다.

미국이 미국 우선주의를 선언하고 실천으로 옮기는 것은 자본주의 눈으로 보면 이상한 게 아니다. 이기와 대척을 이루는 자선이나 선행같은 이타적인 행동은 일단 내가 열심히 자신을 챙기고 나서 여유가 있을 때 생각해 볼 일이다.

과거 미국은 이타적 여유가 있었지만 현재 미국은 이타적 여유를 부릴만큼 충분하지 못하다. 그렇게 생각하며 미국을 이끌어 가는 현 미국 지도자에게 해줄 말은 중도로 바로 보라 하는 것이다.

중도로 향하는 길목에 남을 나처럼 대접하는 게 있다. 내가 좋은 옷 입기를 바라듯 남도 좋은 옷 입기를 바란다. 그러니 내가 갖고 있는 것을 상대에게 나누어 주라는 것이다.

중도는 탐욕의 자본주의를 비판하며 가엾게 여긴다. 탐욕은 끝이 보이지 않는 고통이요, 스트레스이기에.

그러나 세상은 자본주의이듯 탐욕을 버리는 것은 오늘을 살아야만 하는 우리에게 거의 불가능처럼 보인다.

어떻게 탐욕을 버릴 수 있는가. 무지와 탐욕을 버리라는 것은 불교뿐 아니라 세상의 모든 종교의 공통된 가르침이지만, 존재를 인정하는 현실에서는 불가능한 것으로 알기에, 몸이 죽은 후에나 완전한 행복과 평화를 누릴 수 있다는 천국설에 의존하게 되는 것이다.

불교는 그런 종교와 달리 지금 여기서 존재를 부정한다. 높은 벼랑 끝에서 한걸음 내딛으라는 것은 존재하는 탐욕의 세계인 현실을 박차고 나와 점프하라는 것이다.

그런 점프를 석가모니는 중도라 했고, 중국의 선지식은 백척간두에서 진일보하라 한 것이다.

중도는 중용이 아니다

중도는 무아만큼이나 이해하는 게 어렵다.

중도는 중용이 아니라고 하면서도 중도를 부처님 설법하신 내용으로 인용하길, 거문고 줄 소리가 잘 나려면 너무 팽팽하게도 또는 느슨하지 않게 적당히 조율되어야 하듯 중도는 조율이라고 하는 경우를 본다.

어느 날 부처님께서는 한 제자가 빨리 수행 목표를 이루겠다고 무리하여 열심히 정진하다 건강을 해치는 것을 보셨다.

그런 제자에게 수행을 할때는 너무 조급히 또는 너무 여유롭게 가 아닌 적당한 속도로 해야만 한다는 것을 거문고 줄 조율에 비유하셨다.

그렇듯 과유불급인 조율은 수행 방법으로 존재 세계에서 실천해야만 하는 매우 중요하지만 그것은 결코 부처님이 제자에게 가르치는 중도가 아니다.

중도는 중용과 무엇이 다른가?

중용은 공자 가르침 가운데 핵심을 이루는 키 워드가 아닐 수 없다.

과유불급, 매사에 작은 일은 물론 아무리 큰 일이라도 지나치게 서둘지 말고 미흡하게 게으르지 않아 적당히 해야 한다는 것. 그것을 중용이라 한다.

중용을 달리 설명하면 외 줄 위에서 어느 쪽으로도 떨어지지 않으며 앞으로 나아가는 밸런스로 설명하듯 중용은 결코 쉬운 게 아니다. 그런데 중도는 이것과 저것 사이에서 어느 쪽에도 치우치지 않으며 밸런스를 유지하는 중용이 아니다.

중도는 고락중도만 있는 게 아니라 단상중도, 일이 중도, 유무중도 등이 있다.

간단히 설명하면

1. 단견이란 삶은 일회뿐이라는 견해고, 상견이란 삶은 일회가 아닌 윤회를 반복하는 것이라고 하는데, 단견이나 상견이 아니라고 하는 게 단상중도.

2. 영혼과 육체는 같은 하나인가 또는 다른 둘인가에서 둘은 같은 것도 다른 것도 아니다 하는 게 일이중도.

3. 우리가 사는 세계가 있다고 하면 유견, 그런 세간은 없다고 하면 무견이라 하는데 세계는 유견도 무견도 아니라고 하는 게 유무중도.

중도가 무엇인지 위 설명을 들어도 혼란해질 뿐이다. 그리고 대승불교에서는 중도를 쌍차쌍조라 하였는데 그 뜻은 먼저 일체를 부정하여 일체를 버리고 나면, 이제 모두를 포용할 수 있게 된다고 설명한다. 설명만으로 잘 이해가 안 되고 몸으로 깨쳐야만 이해가 될 것 같은 느낌이다.

결국 고락중도도 그렇지만 여러 중도 설명을 들어도 애매모호할 뿐 중도가 무엇인지 이해가 잘 안 된다.

그렇다면 21세기에 사는 우리는 중도를 어떻게 이해하고 받아들여야 할까?

중도는 존재 세계에서 도망치듯 점프하는 것이다. 그러니까 중도는 지금 우리가 알고 살고 있는 이 세계 밖으로 나아가는게 된다.

달리 말하면 차원이 다른 세계가 된다. 3차원 세계에서 4차원으로 넘어가는 것처럼. 그에 반해 중용이란 3차원 세계에서 지혜롭게 살아가는 길이다. 과유불급이나 거문고 줄 조율은 우리가 살고 있다고 여기는 3차원 세계에서 지혜를 발휘한 게 아닌가.

존재 세계를 벗어난다는 것은 무슨 뜻일까? 물질적인 세계에서 마음으로 넘어가는 게 된다.

우리가 접촉하는 것들 예를 들면 사과를 보고 만지고 느끼고 있는데 그것을 깊이 관찰해 보면 우리는 보는 사과는 내 망막에 비친 상을 뇌에서 보는 것으로 외부에 있는 사과가 아니고, 만져진 감촉은 내 손에 전해진 사과 감촉 역시 뇌에서 내린 판단이며, 사과 전체에 대한 느낌 역시 빛도 들어가지 못하는 깜깜한 뇌에서 내린 종합판단일 뿐이지, 사과 자체를 내 눈 안에 들여보내 보고 만지고 느낀 게 아니라는 것이다.

그러기에 우리가 보는 이 세계는 뇌 안에서 내린 분석과 판단인 세계일 뿐인데 우리는 스스로 분석하고 판단한 세계가 그 모습대로 외부에 존재하는 것으로 안다.

뇌에서 판단하고 있는 세계가 아닌 참으로 있는 세계를 알려면 먼저 무엇을 해야 하나?

뇌에서 내린 판단으로 아는 세계를 내려놓아야 하지 않는가..

그런 것을 내려놓는 작업의 시작은 예를 들면 어떤 자는 자기가 만든 세상에서 쾌락이 전부라며 쾌락을 추구하고 있는 데 그런 것을 버려야 하고, 또 어떤 자는 죽어서 영원한 행복을 누리겠다면 여기서 죽을 만큼 고행을 하고 있는데.. 그런 고행은 잘못이기에 그런 것들을 버리고 참으로 행복을 얻을 수 있는 길을 걸어야 한다는 작업을 중도 실천이라 한다.

그러나 중도는 쾌락과 고행 사이 밸런스로 그 길을 찾아 걸으면 행복하다고 하여 밸런스를 찾아가는 중용이 아닌 것이다.

〈잡. 335. 제일의공경(第一義空經)〉에 "업보는 있으나 작자는 없다"고 하였다.

우리가 사는 세상은 작자가 있어, 작자가 일으키는 것을 업이라 하고 작자가 받는 것을 업보라 한다.

살인 사건이 발생하면 살인당한 자가 있듯이 살인한 자가 있어 그는 아무리 시간이 흘러도 살인자에서 벗어날 수 없다.

따라서 살인자가 밝혀지면 그는 평생 살인자라는 딱지를 달고 살

게 된다.

　업보는 있지만 작자는 없다는 것은 살인 사건이 발생하면 살인이란 행위가 있었기에 살인한 행위에 대한 업보를 피할 수 없다. 살인한 자가 밝혀지면 그가 저지른 행위에 대한 업보를 받는데, 그렇다 하여 살인한 자를 평생 살인자라며 손가락질은 하지 않는다. 죄를 미워하지만 사람은 미워하지 않는다는 게 그것이다.

　작자가 없다고 하니 살인을 저지른 자가 붙잡혀서 하는 말이 살인할 때는 나는 오늘의 내가 아니다라는 것인가? 어제의 나는 오늘의 나가 아니다 라는 것과 다르다. 살인이란 악행은 탐욕이 저지른 행위다. 탐욕이 일어났다는 것은 나가 생겼다는 것. 고로 살인이란 행위는 나의 6처가 저지른 행위가 된다. 그리고 살인이란 행위를 저지른 자에 대한 업보는 반드시 있다. 작자가 없다는 것은 유전문 세계가 아닌 환멸문으로 업보의 세계와 무작자는 차원이 다르다.

　문장으로는 이렇게 구분이 된다.

　1. 나는 글을 쓴다. 주어가 있고 그가 글을 쓰는 행위를 하고 있다는 것으로 우리가 그리 알면서 살아가는 세상이다.

　2. 글을 쓰는 자를 나라고 한다. 행위가 있으면 그림자처럼 나타나 그 행위하는 자를 나라고 한다는 것으로 주어보다 행위가 먼저다.

　'생각한다. 고로 나는 존재한다' 는 데카르트는 주어요 주체인 나는 있는 데, 그것이 참이라는 것을 증명하는 방법으로 저 명제를 생각했다. 그는 주체인 존재가 행위를 우선하는 것으로 안다. 그럴 경우 주체는 선험적인 경험을 하기 전 존재가 된다.

그런데 공 차원이란 저 말 그대로. 생각하는 행위가 있으면, 이어서 그렇게 행하는 자를 '나'라고 한다는 것.

행위를 우선하는 나는 본래 없다는 게 공의 뜻이다. '엄마'라고 할 때 엄마라고 부르기 전에 엄마는 없다는 것이 공의 세계다. 아이가 어느 분을 '엄마'라고 부르는 행위가 있으면 그때 어느 분은 엄마가 된다. 다시 말하면 중용이란 내가 과유불급이 되지 않도록 조율하는 것이고, 중도란 과유불급하는 행위가 있으면, 그렇게 행위하는 것을 '나'라고 한다.

그러기에 중도 눈으로 보면 행위를 하는 나는 없는 게 아니지만, 아직 오지 않은 미래의 나는 없다.

고락중도의 뜻은 쾌락의 길로도 고행의 길로도 가지 말라고 하는 것인데 그 이유는 아무런 이익도 없기 때문이다 하셨다.

고행을 하는 이유는 '나'는 지금은 어렵지만 나의 끝은 성대할 것이라는 기대가 있기 때문이다. 누구에게? 고행하는 주체인 본인에게. 그런데 그런 주체는 원래 없다. 그렇다면 고행한 업보는 누가 받을건가? 주체가 없는데. 하여 내가 고행을 하니 고행 끝에 이르면 나는 영생을 누릴 것이다 라며 고행하는 것은 헛고생이라고 세존은 말한다.

중도란? 주체나 주어는 없는 것임을 깨닫고[분명히 이해하고] 그것을 온몸과 마음으로 확인하려는 수행이요 길이다.

완전한 확인이 열반이요 부처라 불리는 것이다.

중도를 알려면 이해하려는 마음으로 넓히고 명상이나 참선으로 외부 존재와 나 사이에 연결되는 고리들을 면밀히 살펴보아야 하리라.

그렇다면 중도를 깨치면 무엇이 기다리고 있을까? 고의 멸이라 했는데 그것을 달리 말하면 극락이라 했다.

열반이란 고멸이면서 극락이다. 하여 대승불교는 고멸보다 극락을 강조한다.

중도를 중용처럼 사용하면 잘못인가

우리가 사는 세상을 세간이라 하는데, 불교 수행자들은 수행하는 공간을 세간과 구별하여 출세간이라 한다. 중용은 우리가 세상[세간]에서 살아갈 때 바르게 사는 반석이 아닐 수 없다. 하여 중용은 세간 중도로 세상의 진리[속제]와 통한다.

그에 반해 출세간 중도는 석가모니 수행자가 부처님이 되신 길이고, 제자들이 목표를 향할 때 필요한 길이니 그것을 출세간의 진리[진제]라 한다. 당신이 세간에 머물고 있다면 출세간 중도가 아닌 세간 중도인 중용을 배우고 활용하여 마음이 편해지는 건 자연스럽다.

우리나라 정치판에서는 보수와 진보 그리고 고 제3지역 또는 제3당이라 하고, 중도파라는 말을 종종 사용한다. 여와 야, 이도 저도 아닌 자들이 스스로를 중도 세력이라고 주장한다.

중도는 존재 세계에서 법 세계로 넘어가는 길인데 어찌 가장 존재스런 탐욕과 모략이 넘치는 정치판에서 중도라는 말을 사용할까.

그것은 봄에 피는 진달래를 보며 국화라고 하는 격이 아닌가?

성철큰스님께서는 중도로 근본불교에서 대승불교, 선불교, 염불불교인 현대에 이르기까지 불교를 꿰뚫고 설한 법문을 『백일법문』으로 엮어 세상에 선보이니 세상 불자를 깜짝 놀라게 하였다. 『백일법문』이 책으로 나오는데 가장 많은 땀을 흘린 분이 바로 보리사 회주이신 원영 큰스님이시다.

성철스님의 중도 설명인 쌍차쌍조(雙遮雙照)를 가만히 바라보면 쌍차(雙遮)라는 것은 양변이 서로를 막아서 서로를 숨기는 것, 즉 서로의 소멸을 말한다. 쌍조(雙照)라는 것은 그 반대로 이 양변이 서로 비추어서 이것은 저것을, 저것은 이것을, 서로를 드러나게 하는 것을 말한다.

쌍차(雙遮)란 양변을 완전히 떠나니 구름이 걷혔다는 말이고, 쌍조(雙照)란 양변이 서로 융합한다는 말이니 결국 해가 드러나 비친다는 말이다. 광명이 나타날 때 청정하여 청정과 광명이 서로 둘이 아니니 이를 차조동시(遮照同時)라 한다.

성철 스님은 쌍차쌍조(雙遮雙照)를 통해 갈등과 모순, 대립과 투쟁으로 점철된 현실을 통섭(通攝) 내지 원융(圓融) 시키고자 했던 것이며, 그것은 극단적인 흑백논리를 초월해 모든 것을 포용하고 화해시키고자 했던 일종의 중도 구원론이었다. 이와 같이 쌍차쌍조(雙遮雙照) 즉, 양 극단을 여의고, 서로 비춰보는 원융무애(圓融無碍) 한 것이 바로 중도(中道)인 것이고, 부처님의 가르침이다.

큰스님의 중도 설명을 보면 정치 세계에서도 중도란 말이 가능하지 않을까? 하는 결론이 나온다. 여와 야의 갈등과 모순을 일단 부정하고, 그 둘의 장점을 모아 원용할 수 있지 않느냐는 것이다.

그러니 중도라는 멋있어 보이는 말을 사회에서는 즐겨 사용하려 한다. 곧 극단적 대립을 일삼는 여와 야를 비판하며 고개를 저는 국민을 보며 여와 야 둘 다 일단 부정하고, 둘의 장점을 뽑아 새 정치를 이끌겠다는 자신을 중도 정치라고 주장하는 것이다.

부처님은 이런 비유를 하신적이 있다.

이층집을 짓겠다고 건설사에 일을 맡겼는데, 이들이 이층 집만 짓는 게 아니라 지하부터 파내고 일층을 짓고 있는 게 아닌가. 그는 이층집만 원하고 있었는데, 해서 건설사 사장을 불러 언성을 높였다.

"내가 이층 집을 지으라 했지 언제 지하와 일층집을 지으라고 했소?"

중도를 바르게 이해하려면 중도라는 이층집을 짓기 위해서 먼저 지하와 일층집을 지어야한다.

불교는 근본불교 시대가 있고 상좌부불교(소승불교) 시대, 그리고 대승불교에서 선불교와 염불불교로 이어져 온다.

이름이 달라진다는 것은 기존에 있는 것과 무언가가 달라졌다는 게 아닌가.

중도라는 말은 석가세존께서 처음으로 설하셨지만 시간과 환경이라는 조건에서 각 불교는 자기들 뜻을 가미해 사용한다.

처음 세존께서는 중도를 존재 세계인 윤회하는 유전문 세계에서 열반인 환멸문으로 넘어가는 방법과 이해로.. 아니! 유전문을 넘어가 만나는 환멸문인 마지막 발걸음[행, 진행형]으로 가르치셨다.

나는 그 때 이렇게 생각하였다.

'나는 옛 선인(仙人)의 길과 옛 선인의 지름길과 옛 선인의 길의 자취를 얻었다. 옛 선인은 이 자취를 좇아갔으니 나도 이제 따라가자.'

비유하면 어떤 사람이 광야(曠野)를 헤매며 거친 들판을 헤치면서 길을 찾다가 문득 옛사람이 다니던 길을 만난 경우와 같다.

그는 곧 그 길을 따라 점점 앞으로 나아가다가 옛 성읍(城邑)과 옛날의 왕궁(王宮)·동산·목욕하던 못·수풀의 청정함을 보게 되었다. 그는 이렇게 생각하였다.

'나는 이제 왕에게 가서 고하여 이 사실을 왕이 알게 하리라.' 이렇게 생각한 그는 곧 찾아가 왕에게 아뢰었다.

'대왕이여. 꼭 아셔야만 합니다. 제가 광야를 헤매며 거친 들판을 헤치고 길을 찾다가 문득 옛사람이 다니던 길을 발견하였고, 저는 곧 그 길을 따라갔습니다. 제가 그 길을 따라 갔더니 거기에는 옛 성읍과 옛 왕궁·동산·목욕하던 못·수풀·물 등 청정한 경지를 보게 되었는데, 대왕께서 가셔서 살만한 곳이었습니다.'

왕은 곧 그곳으로 가 살았고, 그곳은 풍성하고 즐겁고 안온하여 인민들이 불꽃처럼 성하게 모여들었다.

이제 나도 그와 같이 옛 선인의 길, 옛 선인의 지름길, 옛 선인의 자취, 옛 선인이 갔던 곳을 얻었고, 나도 그 길을 따라가게 되었다. 그것은 8성도(聖道)를 일컫는 말이니, 즉 정견·정사유·정어·정업·정명·정정진[정방편]·정념·정정이 그것이니라.

나는 그 길을 따라

늙음·병듦·죽음[老病死]과

늙음·병듦·죽음의 발생[老病死集]과

늙음·병듦·죽음의 소멸[老病死滅]과

늙음·병듦·죽음의 소멸에 이르는 길[老病死滅道跡]을 보았다.

또 태어남·존재·취함·애욕·접촉·6입처·명색·식도 마찬가지며, 행과 행의 발생, 행의 소멸, 행의 소멸에 이르는 길까지도 다 보았다.

나는 이 법을 스스로 알고 스스로 깨달아 등정각(等正覺)을 이루었고, 비구·비구니·우바새·우바이 및 다른 외도의 사문 바라문과 재가 출가자들을 위해 설법하였으며, 그 여러 사부대중(四部大衆)들은 법을 듣고는 바로 따르고 믿고 즐거워하면서 법의 훌륭함을 알았다.

그래서 범행(梵行)이 더하고 넓어져 많은 유익함을 주기 위해 열어 보이고 나타내 드날렸느니라."

<잡. 287. 성읍경(城邑經)> 중에서

이와같은 중도를 상좌부에서는 말하자면 존재 세계에 무게를 더 두어 윤회하는 세계에서 바라다보는 길로 가르쳤다.

『구사론』이나 『청정도론』에 12처는 존재인 6근6경과 같은 것으로 설명하는 것이 그것이다.

그런 상좌부 주장을 부정하고, 부처님 재발견으로 부처님을 바로 알자는 『금강경』, 『반야심경』 등의 반야부 불자들이 나와 '중도는 공' 임을 강조한다.

그러나 그것을 일반인이 이해하기 너무 어려우니 공을 실체화(?)시킨 실상을 가르치는 유식학이 나와 『법화경』, 『화엄경』으로 세상에 알린다.

우리가 절에 가면 흔히 듣는 말이 '부처님'과 함께 '불보살'이란 말이다. 불보살의 의미는 말하자면 공을 실체화시킨게 된다.

보살행 중심인 대승불교는 우리가 사는 이 세계, 사회 속에서 사람들이 희망과 기쁨과 행복을 누리도록 하자는 운동이다. 우리가 사는 세계는 공 세계이지만 우리는 공이 아닌 존재로 알고 있다. 보살은 본래 공임이 틀림없음을 관하고 있지만 지금 여기서 존재로 알면서 살아가고 있는 이들의 행복과 자유, 평화를 위해 사랑을 실천하는 이들이다.

보살행은 속은 다르지만 겉으로는 기독교인의 실천인 악을 멀리하고 선을 가까이하려는 행동과 다름이 없다. 그러기에 특히 서민을 울리는 사회 문제에 참여하고, 이웃 종교의 성직자들과 손잡고 적극적인 활동을 펼친다.

보살은 수행자이면서 사회 봉사자이기에 상구보리 하화중생으로 자신들을 표현한다. 그런데 출가자이든 재가자이든 수행과 봉사를 함께 하면서 부처님께서 바라는 아라한인 아상이 없음을 깨쳐 고통을 멸하고 항상 평안한 상태를 유지한다는 게 쉬운 일인가.

한 번에 두 마리 토끼를 잡으려는 게 쉬운 일이냐 말이다. 하여 대승불교 안에서 지금은 수행에만 전념하는 이들이 나오니 수와 당초에 등장하는 참선 수행자가 그들이다. 그들은 4홍서원에 나오는 중생을 건지겠다는 서원을 제일 먼저에 세우고 있지만 당장은 자신의 괴로움을 멸하고자 수행에 전념한다. 특히 동안거와 하안거라 하여 그 시간은 용맹정진으로 보낸다.

지금은 동안거 기간으로 100일 동안 절에 머물며 오로지 참선에만 열중하는 수행자들이 있다. 보살행을 열심히 하다보면 정신과 의사가 환자를 많이 상대하다 보면 자신도 모르게 정신 상태가 문제가 생기듯 스스로도 모르게 아상에 잡히기 십상이라 한다. 그러기에 안거 시간에는 일단 세간을 떠나 수행에만 몰두하는 것이다. 그게 안되면 수행에만 전념한 도반인 수행자[이판승]의 도움이 꼭 필요하다.

이런 구조를 모르는 제3자들은 비상계엄인 지금 나라가 쓰러질 만큼 위태로운 이 시간에 안거에 들어간 승려들은 자기 하나 행복하겠다고 100일씩이나 절에만 머물고 있다며 손가락질하며 비아냥한다. 시간은 기다려 주지 않으니 지금 여기 세간에서 꼭 필요한 사람인데 안거에 들어가 있다면 문제가 아닐 수 없다. 그러나 계엄이 어디 이번 한번 뿐이던가. 계엄이 아니더라도 세간은 항상 고통에 신음하고 있다. 그들을 위한 끊임없는 보살행을 더 잘하려면 동안거에 들어가는 승려는 꼭 있어야만 한다. 절 안에는 안거에 들어간 승려만 있는 게 아니다. 안거 기간에도 보살행을 하는 스님과 승려들이 있지 아니한가.

보살행이 적다고 승려들이 손가락질을 받는다면 그 책임은 안거에 들어간 수행 승려가 아닌 행정승인 사판승과 재가 보살들에게 있다.

보살들이 사회봉사를 열심히 제대로 하지 않으니 마치 불교는 사회 문제에는 나 몰라라 하는 하는 소승이요, 이기적인 기복 종교로 보이는 게 아닌가.

민주화를 지향하는 나라들이 점점 더 많아지고 있는 21세기에, 정치를 보면 세계 곳곳에서 빌런들이 그들의 권력을 확장시키고 있다. 불국은 사랑을 바탕으로 자유, 평등, 평화가 숨쉬는 나라가 되는데, 그런 나라는 바로 민주화 세상이 아닌가. 그런 민주주의를 막아서는 방해하는 전체주의나 독재정치, 과두정치는 민주화의 적이듯 보살의 적이 된다.

그러기에 지금은 민주화를 튼튼히 하려는 보살행이 마른 풀에 불붙듯 활화산이 폭발하듯 왕성하게 움직여야 할 때임을 알아야만 한다. 보살행이 힘을 잃으면 민주화가 무너지고, 15,6세기 인도처럼 불교가 사라진 사회가 될 게 뻔하다.

보살행을 할 때 필요한 것은 출세간 중도가 아닌 세간 중도로 중용과 별 차이가 없다. 그럴 때 출세간 중도는 수행자인 이판승이 지키며 책임지고 있어야만 한다.

잡. 785. 광설팔성도경(廣說八聖道經)

이와 같이 나는 들었다.

어느 때 부처님께서는 사위국 기수급고독원에 계셨다.

그때 세존께서 모든 비구들에게 말씀하셨다.

어떤 것이 바른 견해인가? 바른 견해에는 두 가지가 있다.

하나는 세상 사람과 세속의 바른 견해로서 번뇌[漏]가 있고 취함[取]이 있으면서 좋은 세계로 향하는 것이요,

또 하나는 성인과 출세간(出世間)의 바른 견해로서 번뇌가 없고 취함이 없어, 바로 괴로움을 없애 괴로움의 끝으로 향하는 것이다.

(세간 중도) 어떤 것을 세상 사람과 세속의 바른 견해로서 번뇌가 있고 취함이 있으면서 좋은 세계로 향하는 것이라고 하는가?

만일 그가 보시[施]가 있고 주장[說]이 있음을 보고, 이 세상에 어떤 아라한이 있어 후생(後生)에 몸을 받지 않는다는 것을 안다면,

그것이 세간의 바른 견해요, 세상 사람과 세속의 바른 견해로서 번뇌가 있고 취함이 있으면서 좋은 세계로 향하는 것이라고 한다.

(출세간 중도) 어떤 것을 성인과 출세간의 바른 견해로서, 번뇌가 없고 취함이 없어, 바로 괴로움을 없애 괴로움의 끝으로 향하는 것이

라고 하는가?

이른바 거룩한 제자는 괴로움을 괴로움이라 생각하고, 괴로움의 발생[集]·소멸[滅]도 마찬가지로 생각하며, 소멸에 이르는 길[道]을 소멸에 이르는 길이라 생각하여, 번뇌가 없는 생각과 서로 호응하여, 법을 선택하고 분별하여 깨달아 앎을 구하고 지혜로 깨닫고 관찰한다.

이것을 성인과 출세간의 바른 견해로서, 번뇌가 없고 취함이 없어 바로 괴로움을 없애 괴로움의 끝으로 향하는 것이라고 하느니라.

(생략)

세간 중도는 세상 사람과 세속의 바른 견해로 보시를 행하고 좋은 세계로 향하는 것이다. 좋은 세계란 죽어서 가는 천국이나 천당을 말하지만, 더 깊이 들어가면 내일인 미래에도 여전히 있을 이 땅에 우리가 지은 선업의 결과로 오늘보다 나은 평화로운 나라이기를 바라는 희망의 나라를 의미한다.

이렇듯 불교는 미래란 운명적으로 정해져 있는 게 아닌 지금 여기서 어떻게 행위를 하는지 그 결과로 생긴다는 연기 인과법으로 설명한다. 보살이라면 현실을 나 몰라라 하며 못 본 척하지 못하는 이유가 바로 미래는 정해진 게 아닌 우리 행위로 결정되는 것을 보고 알기 때문이다.

분명히 중도는 중용이 아니다

중용을 알고 그런 중용과 중도가 어떤 차이가 있는지를 알면 중도를 보다 바르게 이해하게 된다.

예수님이 첫 번째 제자인 빌립을 거두는 방법은 독특하다.

"나를 따르라"한 마디 하니 빌립은 그냥 예수님을 따라 나선다.

석가부처님의 첫번째 제자는 한 명이 아니라 다섯 명이었다. 석가는 예수처럼 나를 따르라 하면 다섯 명이 그냥 따라 나섰을 법한데, 그리한 게 아니라 다섯 사문과 며칠 몇 날을 함께 거주하며, 많은 질문과 답을 거쳐 한 사람, 한 사람, 다섯이 모두 석가의 뜻을 이해하고 깨달으며 제자가 된다.

그 가운데 첫번째로 이해한 자가 꼰단냐로, 그가 이해를 하자 석가모니는 '안냐 꼰단냐'라 하며 기뻐하셨다 하니, 안냐 꼰단냐란 궁극적으로 이해한 꼰단냐라고 칭찬한 것으로, 그 후 그의 이름은 안냐꼰단냐가 되었다.

이 두 장면을 보면 어떤 생각이 떠오르는지?

예수와 제자 사이에는 이심전심인 것으로 보이고, 석가와 제자는 철저한 이해의 합일이다.

기독교는 감성이요, 불교는 존재를 통찰하는 이성을 넘어선 존재가 아닌 법을 이해하는 지성이다.

다섯 사문은 석가모니를 만나기 전에 이미 높은 이성의 문이 열려 있었다. 석가가 다섯 사문을 택한 것도 그런 사실을 알고 있었기 때문이지만, 만일 다섯 사문이 끝내 존재를 넘어선 법을 이해하지 못했더라면 석가는 세상에 불교 전하는 것을 포기했을지도 모른다.

감성은 접촉이 없으면 생기지 않는다.

존재가 없으면 감성은 생기지 않는다.

이성은 감성을 바탕으로 이해를 굴린다.

그러니 이성은 존재를 바탕으로 한 감성을 재료로 삼아 생기지만, 감성을 너머선 세계로 향하니 자칫하면 상상의 세계에 빠지기도 한다.

불교는 그와같은 이성을 뛰어넘어 존재 세계를 넘어선다. 그것을 지성이라 했지만 지성이란 말 뜻은 하나가 아니다.

그것을 말로는 지식을 넘어 지혜[반야]라 하는데, 반야라는 말이 무엇을 의미하는지 잘 알 수가 없다. 말은 있지만 마치 허공을 헤매고 있는 것처럼 느낀다.

왜 석가는 존재 세계를 넘어 비존재라 불리는 지혜를 설해야만 했을까.

석가는 지금 여기서 일체 고를 멸하고자 출가하여 수행을 했다. 그런데 존재 세계에 머물고 있는 한 살아서 일체 고를 멸하는 것은 임파서블 임을 확인했다. 그때 떠오른 게 바로 존재를 넘어선 무엇, 그것을 '법'이라 이름 한 것이었다.

그 무엇은 그때까지 세상에는 전혀 알려진 바가 없었다.

그러나 석가는 그 무엇을 깨친 이들이 전에도 있었다고 한다. 다만 그들은 세상이 이해하지 못하는 것을 알고 그냥 침묵 속에 본래 자리[열반]로 돌아갔기에 그때까지 그 무엇은 세상에 전해지지 않았던 것이다.

그 무엇을 표현하는 말로 처음으로 사용한 언어가 법dharma이다.

세상에서 알고 있는 법은 진리인 법Dharma으로 영어 알파벳으로는 첫 자를 대문자로 쓰고 있다.

그런데 석가가 깨치고 보니 일체가 진리 아닌 게 없었다. 하여 그는 진리가 아닌 일체를 법dharma이라 하여 소문자로 쓴 것이다. 소문자인 법이지만 석가에게 일체 각각은 대문자로 그대로 진리였다.

그것을 베트남 스님이신 틱낫한 스님은 숨 하나하나, 발걸음 하나하나가 기적 아닌 것이 없기에, 한 걸음 한걸음 걸을 때마다 기적을 경험하라고 한다. 진리는 세상 사람들에게는 기적이요 아름다움인가 보다. 기적이 되는 일체는 존재가 아니다. 그러기에 석가세존은 그것을 법dharma이라고 이름을 바꾸어 부른 것이다.

우리가 세상을 알 수 있는 것은 감촉이 있기 때문이다. 감촉은 감촉하는 자와 감촉되는 게 있다. 즉 눈이 감촉하는 자라면 색은 감촉되는 대상이 된다. 석가 전에 성현들은 눈과 색을 존재로 보고 '눈으로 색을 보면 보았다는 안식이 생긴다'고 가르쳤다. 지금도 마찬가지다. 눈으로 색을 보니 안식이 생기는 것으로 가르치고 알고 있다. 의심없이.

그런데 석가는 사실은 그렇지 않음을 관찰했다. 곧 보았다는 안식이 생기면.. 이게 첫 번째다. 안식이 생긴 것은 보는 자와 보이는 것이 있기에 생긴 것으로 알고, 보는 자를 눈으로 알고, 보이는 것을 색으로 안다. 하여 보는 자는 나라 하고, 보이는 색은 세계라 한다.

그게 그거 아닌가!

석가가 수행자가 되어 정신 공부인 명상법을 배웠는데.. 명상할 때는 일체 괴로움이 사라지지만 명상이 끝나고 깨어나면 다시 괴로움이 샘처럼 생기는 것을 보았다. 하여 명상법을 버리고 몸 수행인 고행을 시작했다. 만일 사람은 몸과 정신 2원적 존재라면 그 둘 수행을 완성하면 일체 고에서 벗어나야만 한다. 그런데 고행 끝으로 보이는 정점에 이르렀음에도 미묘한 괴로움은 사라지지 않아 고행을 멈추면 다시 괴로움이 생겨났다.

정신과 몸 수행을 끝까지 했는데 괴로움은 완전히 사라지지 않는다. 왜일까? 괴로움은 어디에 있는가? 하며 세세히 관찰하니, 몸과 정신의 주인으로 알고 있는 '나atman'라는 것에서 생기는 것임을 알았다. 그것은 당연한 것으로 부모에게 잉태되는 순간 생기는 것이요, 윤회로 보면 정자와 난자가 수정될 때 외부에 있던 업식이 합류해 세상에 내가 나오는 것이고 그렇게 세상에 나오면 나는 늙고 병들며 결국 죽는 게 아닌가. 그런데 석가 수행자는 의심이 생겼다.

몸과 정신의 주인인 나는 존재하는 것인가? 다섯 사문과 고행림에서 6년 동안 수행하니 더 이상 몸이 유지될 수 없는 순간에 이르렀을 때, 몸과 주인인 나는 존재하지 않는 것을 관찰했다. 그 관찰은 그때까지 세상에 알려지지 않은 사실이었다.

몸과 정신의 주인인 나가 없는데, 어떻게 과거의 나나 사람들은 몸과 정신의 주인은 나라는 것을 의심하지 않고 있는 건가? 그것을 알기 위해 석가는 고행림을 벗어나 보리수 아래에 자리를 마련했다.

그리고 어떻게 해서 자아가 생겨 머물다 사라지는 지를 분명히 관찰했으니, 그것이 12연기법이다.

불교가 세상에 나와 인도 주류 종교로 5백여 년 인도에 머물고 있었는데 처음 백여 년은 그래도 순수하게 불교가 전해지고 있었으나 시간이 흐르면서 불교 역시 세속과 가까워지니 석가가 가르친 본 뜻의 법은 사라지고, 법이라고 말하지만 속은 존재와 다를 바 없는 법이 되어 지금 세상에 전해지면서 인도에서 불교가 사라졌듯이, 짝퉁 불교가 전해지고 있다고 말해도 틀리지 않는다.

그것이 무엇인지 이해하지 못했다 해도 석가가 가르친 법dharma은 존재가 아님을 어렴풋이라도 이해가 되었다고 본다.

왜인지는 알지 못하더라도. 그리고 중용이란 존재 세계 진리인 법

Dharma이 틀림없다. 그러니 일체가 법dharma으로 존재가 아니라는 중도는 중용과 같을 수 없다.

감성이 생기게 하는 감촉은 보는 자인 눈과 보이는 것인 색이 만나서 생긴다. 세상에서는 보는 자인 눈과 보이는 것인 색은 존재하고는 것임을 의심하지 않는다. 단 눈은 모든 것을 보지만 보려는 의식이 없으면 보아도 보았다는 식이 생기지 않는다. 이때 보려는 의식을 '나'라고 한다. 즉 내가 보려는 마음이 동해야만 본 식이 생긴다는 것이다.

그런데 석가는 볼 수 있는 능력인 눈[안]과 보는 안은 같은 게 아니라고 했다. 볼 수 있는 눈인 안을 존재로 볼 때 이름은 안근이라 한다. 그에 반해 눈에서 뉴트론을 통해 전해진 것을 볼 수 있는 뇌 속의 보는 자는 안근이 아니기에 '안처'라 했다.

그러면서 안처는 존재가 아닌 마음에 생겨 있는 것이라 하여 그것은 존재가 아닌 법dharma이라 했다. 2법 6쌍인 12처가 그것이다.

214. 이법경(二法經)

1. "두 가지 연이 있어서 식(識)이 생긴다. 어떤 것이 두 가지인가? 이른바 [안(眼)과 색(色)], [이(耳)와 성(聲)], [비(鼻)와 향(香)], [설(舌)과 미(味)], [신(身)과 촉(觸)], [의(意)와 법(法)]이니라.

2. 안(眼)과 색(色)을 연하여 안식(眼識)이 생기나니,

그것은 무상하고 유위(有爲)이며 마음을 연해 생긴 것이다[心緣生].

3. 만일 색과 안과 식이 무상하고 함이 있으며 마음을 연해 생긴 것[心緣生]이라면,

이 세 가지 법이 화합하는 접촉[觸], 접촉 뒤의 느낌[受], 느낌 뒤의 의도[思], 의도 뒤의 생각[想], 이러한 모든 법도 다 무상하고 함이 있으며 마음을 연해 생긴 것이다.

이러한 것들이 이른바 접촉[觸]·생각[想]·의도[思]이다.

4. 이(耳)·비(鼻)·설(舌)·신(身)·의(意)에 있어서도 또한 그와 같으니라.”

몸과 정신의 주인인 ‘나’는 어떻게 생긴 것인가?

〈214. 2법경〉은 정말 너무도 중요한 경이다. 곰곰이 세세히 새겨 보아야만 하는 경이다. 『잡아함경』에는 총 1362경이 수록되어 있는데, 그 가운데 하나만 남기고 다 버리라고 하면, 그렇게 해야만 한다면 〈214. 2법경〉을 남겨야만 하리라.

〈214경〉의 핵심은 12처, 18계, 5온 모두 마음을 연해 생긴 것이니, 일체는 모두 마음에서 생긴 것임을 확인해 주는 경이다.

일체는 무상하다. 마음이 무상인데, 마음을 연해 생긴 게 무상하지 않을 수 있나? 만일 어느 바라문이 석가모니를 찾아와 묻길 “선생님은 일체가 무상하다고 가르치십니다. 그렇다면 해나 달도 무상하다는 것인데 해나 달이 멸하는 것을 보았습니까?” 하면 어떻게 답할까? 먼저 바라문에게 일체인 해, 달, 별, 우주 모두 마음을 연해 생긴 것임을 이해시켜야 할 것이다. 마음을 연해 생긴 것이라면 마

음 따라 생멸할 수밖에 없지 아니 한가. 이어서 바라문이 "해와 달이나 사과, 배, 개, 뱀 일체가 무아임을 어떻게 아셨습니까?" 하고 물으면 역시 사과 등 일체는 마음에서 생긴 것이므로 실체가 없으니 무아라고 대답할 수 있을 것이다.

하지만 대개는 사과나 해가 마음에서 생긴 것임을 이해하지 못하고 있음을 알고 있다. 일체유심조의 뜻이 일체는 마음에서 조작된 것이라 하여 심연생을 그리 말한 것인데 일체유심조란 말은 알지만 진짜 그런지는 모르고 있다.

일체유심조를 이해하려면 공부를 해야만 한다. 처음 석가가 다섯 사문을 이해시키는 것만큼 어렵지는 않겠지만.

고락중도의 뜻은 바른 수행자라면 쾌락주의자가 아니며 고행주의자가 아니어야만 한다. 왜냐 그 둘은 존재를 의심하지 않고 존재에 매여 수행하는 자들이다. 중도란 일체는 존재가 아닌 마음을 연해 생긴 법임을 알고 수행하는 것이다. 고로 '중도는 고락이 아니다'라고 하는 게 고락중도 뜻이다. 왜 중도는 중용이 아니라고 목에 힘을 주는지, 그 뜻이 이해가 되는가.

세간은 산은 산, 물은 물 → 존재 세계

수행은 산은 산이 아니고 물은 물이 아니다 → 존재 세계가 흔들리고 법 세계로 들어감.

아라한은 산은 산, 물은 물 → 산과 물은 존재가 아닌 법임을 깨닫고 깨침. 〈잡. 265. 포말경〉에 그때 세존께서 이 뜻을 거듭 펴기 위하여 게송으로 말씀하셨다.

색(色)은 모인 물방울 같고

수(受)는 물 위의 거품 같으며

상(想)은 봄날 아지랑이 같고

모든 행(行)은 파초와 같으며

모든 식(識)과 법(法)은 허깨비와 같다고 관찰하라.

태양 종족의 존자께서 이렇게 말하였느니라.

위 내용은 5온이 실체가 없음을 물방울, 아지랑이, 파초, 허깨비에 비유하고 있다. 누구는 물방울은 수소와 산소가 결합해 있는 존재가 아닌가 할 수 있는데, 석가세존의 비유 뜻은 존재가 아닌 마음에서 생긴 5온임을 설하고 있는 것이다. 그러나 현대인이 물방울이나 아지랑이는 존재로 알 듯 상좌부에서는 5온인 법을 존재로 이해했고, 그 이해는 지금도 계속되고 있다.

외눈박이들이 사는 세상에 가면 두 눈 뜬 자가 정상이 아닌 듯 취급받는다. 불교를 전공한 학자를 만나 5온은 존재가 아닌 마음에서 생긴 법이라 하면, 불교를 잘못 이해하고 있다는 말을 듣기 십상이다. 세상은 전도되어 흘러가기에.

중도는 중용이 아니다. 왜냐면 중도는 존재 세계를 넘어선 길이므로.

경·율·론 삼장三藏, Tripitaka에서
계·정·혜 3학으로

2023년을 보내며 또 한 해가 간다는 아쉬움을 숨길 수 없다. 지난 해를 돌아보며 불자라면 당연으로 공부하는 기본인 계·정·혜 3학을 반성과 함께 새삼 살펴본다.

혹시 고려 역사에 등장하는 교관겸수와 정혜쌍수라는 말을 기억하는지? 그것을 기억하는 이들은 이렇게 기억하고 있을 것이다.

고려 초 의천국사는 교관겸수라 하여 교종을 선종보다 강조했는데, 고려 중기 이후 지눌국사는 교종보다 선종을 강조하는 불교를 주장했다 하여 마치 고려 시대 불교는 교종과 선종의 대립의 역사로 기술하여 우리 역사를 왜곡하고 있다.

누가 우리 역사를 왜곡하고 있었던가? 일제 시대 때 한반도 역사를 공부한 일본 학자들이 조선인은 열등한 민족임을 조작하려고 고려는 불교 안에서는 교종과 선종으로, 정치적으로는 문신과 무신이 대립했

고, 조선은 사대 당파 싸움으로 나라의 힘을 소진한 민족임을 부각시
키려 했으니 그것을 일제 식민지 사관이라 하는데 4,50여 년 전 고등
학교 국사책에는 일본 식민사관의 우리 역사가 그대로 실렸다.

그에 대한 커다란 반성이 1988년 즈음하여 크게 일어나 국사 내용
이 바르게 정리되어 가는 듯했는데, 박근혜 정부는 현대사를 왜곡하
려 했고, 윤석열 정부는 일제 식민지 사관을 다시 우리에게 가르치
려 한다.

원인 없는 결과는 없다고 하듯이 저들이 그렇게 하려는 것은 이유
가 있다. 박근혜 정부가 왜 그랬는지 이유는 알겠는데, 윤석열 정부
는 왜 식민지 사관을 끄집어내는지 이유를 잘 모르겠다. 그 업보는
심판이란 이름으로 반듯이 받을 것이다.

불교 수행자는 예로부터 3학을 공부했으니 율장, 경장, 논장 3학
을 공부했다.

3학을 공부하려면 평소 계를 지키고, 시간을 내어 고요한 곳에 앉
아 일상적인 생각을 가라앉히는 사마타에 들어가, 율장, 경장, 논장
을 관찰vipasana하는 것이었다.

그런데 이제는 3학이라 하면 율, 경, 논 3장 대신에 계sila와 정
samadhi과 혜prajuna를 우선 3학이라 하니, 시대 속에는 무상하지
않은 게 없는가 보다.

3장 대신인 3학을 설명하면 다음과 같다.

지계: 평소 악은 멀리 하고 선은 힘써 행하라는 계를 지키고,

선정: 시간을 내어 고요한 곳에 앉으면 일상적인 생각을 가라앉히고 마음이 집중되고 맑아지면,

지혜: 그런 상태에서 부처님 법인 반야를 깊이 새기고 깨달아 그것을 평소 몸과 마음으로 실천하면서 점점 부처님에 다가가는 것이다.

해서 계정혜는 삼박자로 서로가 서로와 연결되어 점점 더 익어가는 관계로 결국 열반에 이르게 된다.

예를 들어 '색은 무상하다'라고 기억하고 있으면 평소 선행을 열심히 하면서, 시간을 내어 선정에 들어 마음을 맑게 가라앉히고, 그 힘으로 색 무상이 무엇인지를 자기 몸을 관찰하며 참으로 무상함을 새기는 것이다.

불교가 국교였던 고려시대에 훌륭한 선지식으로 존경받는 두 분을 꼽으라면 주저 없이 의천 대사와 보조국사를 꼽는다.

고려 초기 왕자였던 의천 대사는 출가하여 중국에 들어가 팔만대장경을 모아 한반도에 가져오니, 후에 고려대장경이라는 목판 인쇄본의 원본이라 하지만 그것은 전하지 않고 있다.

의천 선지식은 『법화경』을 중심으로 한 불교를 전했고, 수행법으로 지관법이라 하여 사마타와 위빠사나를 가르쳤으니, 지관법이란 바로 3학의 사마타[지]와 위빠사나[관]가 된다.

고려 중기에 활동한 보조 지눌 선지식은 교종이 아닌 선종을 강조하신 스님이며 수행법으로 정혜쌍수를 강조하였으니 정은 정학인 경 공부가 아닌 참선이고, 혜는 논 공부가 아니라 부처님의 지혜[반

야]로 수행자인 승려는 참선과 더불어 경 공부를 함께해야만 한다고 한 것이다.

그러니 의천대사나 지눌국사 모두 수행법인 3학을 강조하고 있는데 식민지사관에서는 이를 두고 선종과 교종의 대립으로 선전하다니.. 그러다 조선조가 들어와 불교를 박해하니 불교 공부는 도로 아미타불이 된다. 조선이 망하고 일제 식민지 시대를 거쳐 1945년 8.15 광복을 맞이했으나 3년 미군정 시대를 지나서야 대한민국 정부가 정식으로 출범하는데 이남을 다스리던 미 군정 3년과 6.25 남북전쟁은 우리 불교계에, 한반도에 엄청난 변화를 주었다.

반복하면 불교 수행이라 하면 사마타 수행이라 하여 산란한 마음을 하나로 집중하고 그런 힘으로 불법을 비파사나[관]하는 것인데 우리 불교 주류는 선종이라 하듯 비파사나 대신에 참선만을 강조하니 참선과 인연이 없는 이들은 염불이나 3천 배와 같은 절이나 사경에 집중하는 현상이 있어 경을 관[비파사나]하는 불자는 아주 적다.

대한민국은 민주국가이고, 민주국가는 종교의 자유를 헌법으로 보장하고 있다. 하여 눈치 보지 않고 불자는 불교를, 기독교인은 기독교를 믿는 시대가 되었고, 그것은 종교 간에 경쟁이 자연스럽게 일어나는 계기가 되었다.

이와 같은 경쟁 시대에 불교가 쇠퇴가 아닌 발전하려면 무엇을 해야 할까? 불자 스스로 계·정·혜, 특히 경 공부를 열심히 해야 할 것으로 본다. 경 내용을 분명히 알아야만 상대 종교와 무엇이 다른지 알고, 그들과 대화를 하거나 불교를 전할 수 있는 기회가 오면 불교를 제대로 설명할 수 있기 때문이다.

계를 잘 지키며 경 공부를 바르게 하면 공부한 만큼 보다 더 자신 있고 당당한 불자가 된다. 2024년에 불자들은 자기가 좋아하는 기도나 참선은 열심히 해야 하지만 더불어 반야 기록인 경 공부에 더욱 분발해야만 한다.

경이라 하면 팔만대장경이라 하듯 어마무시한 경들이 있는데 그 가운데 불자가 공부해야 하는 경을 꼽으라면.

초기 경전인 『아함경』, 초기대승경전인 반야경으로 『금강경』과 『반야심경』, 그리고 대승의 꽃인 『법화경』과 『화엄경』이 있다. 이 정도는 해야만 한다.

학습이란 반복이다.

2024년부터는 벙어리 불자에서 법을 전하는 전법사로 새롭게 태어나야만 한다.

마하반야바라밀.

룸비니와 보드가야, 두 번째 탄생

아기를 낳으려 당신 고향으로 가던 카필라 국의 마야 왕비는 가는 길에서 산후 진통이 시작해 가던 길을 멈추고 룸비니 동산에서 아기 왕자를 낳았으니 그날이 음력으로 4월 초파일이다.

위대한 성현이 되실 아기가 세상에 태어나니 동남서북 사방에 있던 하늘 신들이 날아와 아기탄생을 찬탄하며 "온 세상에 당신보다 더 훌륭한 이는 없습니다. 아기님은 어른이 되면 모든 세상 사람들을 고통과 괴로움에서 구해줄 최고의 성인이 될 것입니다." 하며 경배를 올리고 돌아갔는데, 후세에 사람들은 아기가 세상에 태어나자마자 동남서북 각각 일곱 걸음을 걸은 후 "천상천하 유아독존, 삼계가 모두 고통이니 내가 그들을 행복하게 하리라!" 라 외쳤다고 전한다. 누구 말이 맞을까. 우리는 말하고픈 대로 말하길 좋아하고, 듣고픈 대로 듣고 그가 그렇게 말했다고 한다. 무엇이 사실인지 알 수 없지만 사람들은 천상천하 유아독존이 더 좋아 보이나 보다.

그때 부처님이 되실 아이가 태어났음을 본 아시타 예언자는 자신은 이미 늙어 이 아기가 부처님이 되어 세상에 출현할 때 자신은 세상에 없음을 알고 애석한 마음으로 아기님을 찾아와 경배를 올리니, 아기 아버지인 숫도다나 왕은 그에 물었다.

"이 아기가 어른이 되면 무엇이 되겠소?" 부처님이 되실 것을 알고 있었지만 아시타였지만 "이 왕자님은 자라서 전륜성왕이 되실 겁니다" 하고 대답을 했다.

그때는 여러 작은 부족 국가로 나뉘어 있다가 전쟁을 통해 강력한 몇 개의 왕권 국가로 거듭나고 있던 어지러웠던 시대였는데, 카필라국이 전륜성왕을 맞이하는 나라가 될 것이라는 예언을 들은 숫도다나 왕은 얼마나 기뻤을까.

그는 아기 이름을 고타마로 짓고 행여 마구니에 잡힐까 애지중지 아기를 돌보았다. 그런데 아기 엄마인 마야 왕비는 아기를 낳은 후 칠일 만에 세상을 떠나니 아기는 이모 손에서 사랑을 듬뿍 받으며 자랐지만 아기는 엄마에 대한 그리움이 커져만 갔다.

어릴 적부터 무엇 하나 그냥 지나치지 않고 면밀히 관찰하던 왕자는 열 살 지음 봄 농경제에 참석하였는데, 농부가 쟁기로 땅을 뒤집어 놓으면 지렁이가 하늘을 보며 꿈틀거리는 데 그것을 본 작은 새가 날아와 물고 날아간다. 그뿐아니라 더 큰 새는 작은 새를 다시 잡아채가지 않는가. 그 모습을 본 왕자는 약육강식의 비통한 세계가 너무 가슴이 아파 농경제를 빠져나와 무우수 나무 밑에 앉아 명상에 잠기었다.

"세상은 강한 자만이 살아남는 곳인가. 강자와 약자가 함께 사는 세상은 어찌 저리 고통스러운 걸까? 저 고통을 멈추게 할 수는 없는 걸까?" 열 살이었던 고타마는 자신을 잊고 골똘히 생각을 했지만 답을 찾지 못한 채 깊은 생각에 머물렀다.

이제 해가 중천에 올라 모든 것을 태우려는 듯 이글거리는데, 명상에 잠긴 아이는 그것도 모른 채 그대로 앉아 있다.

그러자 무우수 나무 그림자는 해를 따라 움직여 고타마가 앉아 있는 곳을 햇빛으로 부터 가리니, 자칫 생명을 잃을 수도 있었던 왕자를 그늘 속에 있도록 해주었는데, 어린 왕자는 그것도 모른채 그저 깊은 명상에 머물러 있었다.

어른이 된 고타마 왕자는 자기가 겪는 고통을 치료하고자 왕이 되는 자리를 버리고 몰래 성을 빠져나가 몸과 마음을 닦는 수행자가 되었다. 그는 먼저 당시 최고 명상가로 소문난 알라라 칼라마 마스터를 찾아가 마음을 닦는 명상법을 배워 이내 최고 명상 마스터 반열에 오른 만큼 자신이 겪고 있는 고통에서 벗어날 수 있었다. 그러나 그 기쁨은 명상에 있을 때 고통은 눈 녹은듯 사라졌지만, 명상에서 깨어나면 괴로움은 다시 생기니 명상 수행만으로는 부족함을 느껴 다른 수행을 찾아 길을 떠난다.

하여 그는 마음 닦는 수행만이 아닌 몸을 괴롭히며 닦는 고행자가 되어 최고의 수행 경지에 이르니 그 소문을 들은 자들이 찾아와 경배를 올리며 도움을 청하는 자리에 이르렀지만, 수행자 고타마 스스로 세운 서원인 "일체 고통을 멸하리라"인 목표에 완전히 이루지 못해 모든 고통에서 자유롭지 못함을 보고 고행을 멈출 수 없었다.

그런 동안에도 시간은 멈추지 않고 흘러 어느새 6년이 흘렀다.

무엇을 깨쳐야 일체 슬픔과 고통에서 완전히 벗어날 수 있을까?

슬픔과 고통에서 벗어나지 못하는 '나'는 누구인가 하여 '나'라고 여기는 몸과 느낌과 생각과 의지를 깊이 관찰하니 지금까지 몸과 마음의 주인으로 존재하는 줄 알았던 '나'는 실은 없음을 이치적으로 깨달았다.

내가 없다면 일체 고통과 슬픔이 어디에 머물고 있는 것인가.

그 '나'를 해결하고자 이제까지 열반에 이르려 함께 고행을 하던 다섯 사문과 헤어진 고타마 수행자는 오로지 붙잡고 있던 고행 수행을 미련없이 버리고 이 몸과 마음의 주인인 척 머물고 있는 '나'를 이제껏 닦은 수행력을 한껏 발휘하여 완전히 태워버리니, 브라만과 하나가 될 것으로 믿고 있던 나, 거듭 거듭 윤회하는 자인 나, 죄를 짓고 괴로움을 받는 나, 죽으면 영생한다고 믿고 있던 나는 그 어디에도 없음을 깨치니, 오호라! 무아를 깨친 부처님이 세상에 출현하신 것이다.

오오 성스러움이여, 거룩하여라! 우리 세상에 부처님이 탄생하셨네! 마음을 닦는 명상 수행을 하고, 몸과 마음 닦는 6년간 목숨을 건 고행 끝에 고타마 수행자에서 석가모니 부처님으로 탄생한 곳은 보리수가 있는 보드가야였다.

이제 부처님인 석가는 스스로 세상 모든 슬픔과 고통을 멸할 수 있음을 보여주고, 모두의 괴로움을 치료할 수 있는 길을 45년 동안 세상에 전하시니 그의 제자들은 부처님이 탄생한 사월 초파일이 되면 세상을 향해 '나를 바르게 보라'는 슬로건으로 불을 밝히셨다.

그러나 여전히 세상은 게슴츠레 자기 탐욕과 이익만의 눈을 뜨고 있을 뿐이다.

세상의 현인들은 보드가야에서 부처님 되심을 두번째 탄생이라 하며 부모로 부터 받은 나와는 다른 나가 있다는 자각의 탄생이 일어났다고 말한다. 그런데 부처님 스스로는 인간은 부모에게서 태어나는 첫 번째 나는 물론 두 번째 탄생할 수 있는 그런 나는 실로 없다고 강조하신다. 오히려 첫 번째 이든 두 번째 이든 그런 나가 나가 아님을 깨칠 때 온갖 괴로움과 슬픔을 멸할 수 있다고 하시면서.

부처님이 열반하신지 2567년이 되는 올해 2023년에는 과연 몇이 '나 없음'을 깨치고 일체 괴로움에서 벗어날까?

나 있음에서 나 없음이란 나 있는 세상에서 나 없는 세상으로 넘어가는 게 아니다. 내가 있다는 여기에 그대로 있는채 그냥 벗어나는 것이 나 없음이다. 룸비니는 룸비니가 아니고, 보드가야는 보드가야가 아니다. 그것은 실체가 없으니 그저 이름이 룸비니요, 보드가야일 뿐이다. 나무 석가모니불.

네란자라 강에서 발견

의도적일 수도 있지만,

눈[안근]은 대상을 만났을 때 보고 싶은 것에 집중하지만 판단을 시작하는 눈[안입처]은 흔히 미시적 또는 거시적으로 본다.

나는 거시적으로 바라보길 좋아하고, 짝은 미시적으로 본다. 나는 내 신변에 대한 얘기는 거의 없는데 반해 짝은 온통 주변 얘기로 대화를 즐긴다. 그와 같은 업이 반복적으로 쌓이면 어떻게 될까.

내가 다니던 고등학교와 우리 집 사이에는 더 이상 기차가 운행되지 않는 기찻길이 있었다. 나는 그 기찻길을 통해 혼자 아침저녁 걸어 다녔다. 그때 만큼은 누구도 참견하지 않던 나만의 시간이요 공간이었다. 나는 상상의 나래를 펴고 꿈을 꾸었다. 보통 사람들은 자면서 꿈을 꾸지만 난 걸어다니면서 꿈을 꾸었다. 그 습관은 저절로 사유하는 자를 만들어 주었다.

석가모니를 이천 오백년이 지난 지금 내가 알고 있고, 수많은 사람들이 그를 믿고 의지하는 계기가 된 것은 무엇일까.

도대체 그의 삶에는 무슨 일이 있던 것인가.

도저히 일어날 수 없을 것만 같은 기적같은 사건이라고 할 수 밖에 없는 엄청난 사건은 보드가야에 있는 네란자라(尼連禪) 강에서 일어났다.

이천 오백여 년 전, 네란자라 강은 고행자였던 고타마 수행자가 수자타 처녀가 준 영양가 만점인 걸쭉한 우유를 받아먹은 장소다.

만일 석가모니를 기리는 불교 성지가 네 곳이 있는데 하나를 더 꼽으라면 보드가야에서 멀지않은 곳에 있는 수자타에게 밀크 죽을 받아마신 네란자라 강이 되리라.

그날 아침, 고타마 수행자는 오늘도 굶다시피하며 피골이 상접한 모습으로 고행을 하고 있었다.

어떤 고행이라도 고행으로 여기지 않게 되면, 괴로움(고 苦 dukkha)은 더 이상 존재하는 게 아닐 것으로 굳게 여기며 고행을 하고 있지만. 자이나교에서 가르치듯 완전한 고멸은 몸이 없어져야만 이룰 수 있는 게 아닌가 하는 의심을 떨칠 수 없었다. 왜냐면 이제 더 이상 생명을 유지할 수 없을만큼 몸은 약해졌지만 완전한 열반을 이루지 못함을 스스로 보고 있었기에.

서있을 기운조자 없음에도 마지막 사력을 다해 네란자라 강으로 들어와 마치 마지막 목욕 재계하듯.. 몸을 씻는 게 아니라 몸에 물을 칠하고 있었다.

이때 섬광처럼 떠오른 생각이 죽어가는 이 몸이 내 몸인가.

이 몸이 내 몸이 아니라면?

몸은 있으나 이 몸의 주인으로 알고 있는 내가 없다면?

부모에게서 태어난 이 몸은 태어나자 마자 내가 주인은 것은 맞는가? 이 몸의 주인인 나는 부모에게서 생긴 몸 안으로 들어가는 것인가 아니면 몸과 함께 태어나고 생긴 것인가?

세상의 일체 의심은 다 해 보았고, 다 해결했다고 여겼는데 등잔 밑이 어둡다고 일체를 의심하고 있던 자, 나 자신에 대한 의심은 없었음을 알았다. 아니, 일체를 의심하는 자인 나는 의심 없이 증명된 자로 여기고 있음을 알았다.

나는 있는가?

강물에 서서 그런 의심의 끝에 이르러 그것을 알아 보아야한다는 생각이 들었을 때, 그런 모습의 석가모니를 본 그 동네 수자타 처녀는 거룩한 수행자에게 받치는 공양처럼 갖고 가던 우유 죽을 석가에게 드렸다. 절식 고행을 하고 있던 고타마 수행자였기에 평소라면 미소를 머금은 채 거부를 했으련만, 거의 죽음에 이른 몸을 살려 의심을 풀어야만 했던 고타마 석가 수행자는 우유 죽을 고맙게 받아마시고 지금까지 수행하고 있던 네란자라 강을 두고 고행림이 있는 쪽과는 반대 방향으로 걸어갔다. 그렇게 걷다가 커다란 보리수나무를 발견하고 나무 그늘 아래 자리를 깔고 앉아 나에 대해 관찰하기 시작한 것이다.

그 소식을 들은 그동안 함께 수행하던 다섯 사문은 말했다.

수행자 고타마는 마구니에 빠져 타락의 길로 들어섰다고.

하지만 수행자 고타마는 보리수 아래에서 무아를 깨쳐 모든 고통을 벗어나 세상 광명이신 부처님이 되셨으니, 중생에서 부처님이 되었다는 것은 무엇이 어떻게 달라진 것일까?

처음 제자가 된 다섯 사문과 중도

남방 불교가 들어오면서 우리가 평소 가까이하는 경으로 『반야심경』이 있으면 그들은 『초전법륜경』을 가까이하고 있음을 알았다.

『초전법륜경』이란

『담마짝깝빠왓따나경』(Dhammacakkappavattana suttaṃ, 가르침의 수레바퀴에 대한 경, 초전법륜경, 상윳따니까야 S56:11, S55.2.1, 전재성님 역)으로 원 제목 안에게는 '최초'라는 말이 없다.

『잡아함경』을 보아도 〈379. 전법륜경(轉法輪經)〉이라 하여 최초란 말이 없다. 그런데 경 내용을 보면 부처님께서 처음으로 설한 내용임을 알 수 있다. 그러니 『초전법륜경』이란 타이틀은 잘못이 없는데 '최초[초]'라는 말이 들어가자 눈에 확 뜨이는 효과가 100% 이상 일어난다.

'법을 굴린 경 『전법륜경』'이란 말과 '처음으로 법을 굴린 경 『초전법륜경』'이란 말을 보았을 때 무엇이 눈에 들어오는가.

처음 또는 최초라는 말이 눈에 들어 오고 이어서 법을 굴린 경이란 말이 들어온다. 그리곤 '최초'라는 기억이 남으면서 불경 가운데 아주 중요하다는 인식마저 따라온다.

그러니 한글로 번역하면서 '(최)초'라는 말이 삽입되었다는 것인데 누가 그랬는지 매우 명석한 분이다.

니까야의 『초전법륜경』과 『잡.379.전법륜경』 내용의 핵심은 4성제이며, 최초 제자들이 된 다섯 사문을 대상으로 삼고 있다.

그러니 최초일 가능성이 아주 높다. 두 경의 차이는 『초전법륜경』 시작에 나오는 중도와 팔정도 설법이 〈잡. 379. 전법륜경〉에는 없다는 것.

석가세존께서 처음으로 법을 굴렸다는 내용의 『초전법륜경』은 이렇게 시작한다.

1. 이와 같이 나는 들었다. 한 때 세존께서는 바라나씨 시의 이씨빠따나에 있는 미가다야에 계셨다.

2. 그때 세존께서는 다섯 명의 수행승들에게 말씀하셨다.

"수행승들이여, 출가자는 두 가지의 극단을 섬기지 않는다. 두 가지란 무엇인가?

3. 수행승들이여,

감각적 쾌락의 욕망에 탐착을 일삼는 것은 저열하고 비속하고 배우지 못한 일반사람의 소행으로 성현의 가르침이 아니며 무익한 것

이다. 또한 스스로 고행을 일삼는 것도 괴로운 것이며 성현의 가르침
이 아니며 무익한 것이다.

수행승들이여, 여래는 이 두 가지의 극단을 떠나 중도를 깨달았다.
이것은 눈을 생기게 하고 앎을 생기게 하며 궁극적인 고요, 곧 바른
앎, 올바른 깨달음, 열반으로 이끈다.

4. 그 중도가 되는 수행이 무엇인가? 그것은 바로 여덟 가지 고귀한
길이다. 곧, 정견, 정사유, 정어, 정업, 정명, 정정진, 정념, 정정이다.

"수행승들이여, 여래는 이 두 가지 극단을 떠나 중도를 깨달았다.
이것은 눈을 생기게 하고 앎을 생기게 하며 궁극적인 고요, 곧 바른
앎, 올바른 깨달음, 열반으로 이끈다."

수행자는 고행이나 쾌락을 따르지 않는다. 두 극단이 아닌 중도를
깨달았다. 중도 실천은 팔정도. 중도인 팔정도는 궁극적인 고요, 바
른 앎, 깨달음, 열반으로 이끈다고 하신다.

고행과 쾌락에서 고행은 다섯 사문과 석가모니 자신의 수행법이
었는데.. 고행을 멈추고 달리 나아갔고 여전히 고행을 하는 다섯 사
문에게는 미안한 말이지만 고행을 하지 말라 하는 것은 부처님 입장
에서 이해가 된다. 그런데 그 당시 쾌락을 수행법으로 삼은 수행자
들이 있었단 말인가?

다행히 이어지는 설명은 수행자가 아닌 일반인들의 소행이라고
덧붙여 놓았기에 우리는 쾌락을 수행자가 아닌 할리우드 연예인들

의 파티와 같은 향연을 즐기며 사는 인생을 연상한다.

그런데 쾌락을 고행의 상대적인 극단으로 환락이나 마약에 빠져 사는 사람의 태도로 연상하는 것은 자연스러울 수 있지만 수행자에게 중도를 설명하는 자리에서 고행의 다른 극단으로 마약이나 쾌락 추구를 추구하는 것이 수행자의 태도로 설명이 될까?

그래서인지 출세간에 있으면서 세간의 즐거움을 탐하는 머리 깎은 수행자의 행위가 뉴스가 되는데 그렇듯 뒤로 호박씨 까는 자들을 보며 쾌락에 빠진 수행자라고 하는 것은 아닌지. 도박이나 마약, 환락에 빠진 일반인의 삶이나 또는 호박씨 까는 수행자를 고행과 맞서는 쾌락적인 삶이라 할 수 있다.

그러나 석가부처님이 말하는 고행이란 극단에 상대적인 극단인 쾌락은 일반인의 쾌락이 아닌 것으로 보인다.

당시 새로운 사상이라 하여 신 중심 세계관을 부정하는 인간 중심 세계관 가운데 하나가 인간의 주인이요 주체인 자아는 윤회하는 게 아닌 몸과 생사를 함께한다는 유물론적 단멸론 주장이 있다. 인생은 한 번뿐이다.

윤회하는 자나 영원한 아트만 같은 것은 존재하지 않는다. 존재한다면 하나만이라도 존재함을 보여주어라. 창조자는 인간이 만든 허상일 뿐이다. 아트만이 없듯이 브라흐마도 없다. 인생이 한 번 뿐이라면 당장 떠오르는 게 내가 하고픈대로 다 하다 떠나고 싶다가 아닐까? 그러나 우리 조상인 선배님들을 보면 그것은 아닌 것 같다.

윤회나 항상 하는 아트만과는 거리가 먼 삶을 살았던 우리 선배님들은 인생은 단 한번이라고 여긴 것 같은데 그들은 당신이 하고픈 대로 하는 사회 속에 살지 않았다. 공중 도덕이 있어야만 하는 공동사회라는 시스템이 그것을 허락하지 않기에.

부처님 당시 교통이 있었을 것으로 보이는 그리스에 에피쿠르스파라는 쾌락주의자가 있다. 이들에게 쾌락은 몸에 될수록 고통이 없는 상태를 유지토록 하면서 몸에 의지한 정신의 안락을 추구하는 것을 쾌락이라 했다고 한다. 단멸론자인 인도의 유물론자 역시 그런 쾌락을 추구하는 자들이 있지 않았을까.

석가세존이 보고 있던 쾌락은 무엇일까?

인생은 한 번이라고 가르치거나 주장하는 수행자는 그들 본인은 몸의 고통이 없도록 자재하면서 사람들에게는 한번뿐인 삶 하고픈 대로 살라고 가르쳤으리라.

그것에 호응한 자들은 환락적 삶을 남의 삶에 신경을 쓰지 않는 지멋대로 삶을 추구했을 수 있다.

거기에 일론 머스크 같은 자들도 거기에 포함된다. 일론 마스크는 일 중독자로 게으른 자를 무시하며 자기가 하고픈 것을 하고 있는 자의 좋은 모델이 된다. 일론은 자기가 꿈꾸는 미래 세상이 인류에게 엄청난 기회를 제공할 것을 믿고 있다.

그런 자기 작업을 방해하는 자들이란 무식하고 게으른 형편없는 자들로 인간쓰레기 같은 자들로 취급한다. 멋진 사회를 만들려면 그들은 무시하고 자기와 의견을 같이 하는 엘리트적인 자들이 일을 잘할 수 있는 환경을 만들어 그냥 앞으로 나아가는 게 최고라고 볼 뿐이다. 그러기에 막말과 막행을 서슴없이 한다.

석가모니가 활동한 인도 당시를 돌아보면 부족 또는 계급 국가에서 연방 국가로 나아가는 과정으로 전국은 전쟁으로 해가 뜨고 지는 상황이었다. 그들은 자기 국가를 지키기 위해 이웃 국가를 침략하고 살상하는 일이 끊임없이 일어나고 있었다.

어떤 군주는 맹목적으로 그저 자기가 하고픈대로 하고 싶어 국민을 군인으로 만들어 살상을 맘대로 저지르며 전쟁을 일으키고 있다. 이유는 그럴싸하게 포장하고 있겠지만.

고행과 상대적인 입장의 쾌락을 하지 말라고 세운 것은 당시 인도에 나타난 신을 부정하는 사상의 핵심이라 할 수 있는 '나 하고픈대로 행하리라' 식의 위태로운 쾌락주의는 일부 정치 지도자의 행위처럼 심각한 해악이 있지만, 막지 못하고 듣고 보아야만 하는 절박이 있다. 업보의 막춤처럼.

한편 부처님께서 다섯 사문에게 최초로 고락중도를 설하실 때는 쾌락보다 고행을 하지 말라는 것에 방점을 찍고 있다. 최초 법문을 듣고 있는 다섯 사문이 행하고 있는 수행이고, 과거 석가 자신이 하던 수행이었기에.

석가모니가 가르친 수행의 두 가지 기본은 일상적인 생각을 멈추는 것[지]인 사마타와 당신이 가르친 법을 관찰한다[관]는 비파사나다.

사마타와 비파사나 수행법이라 하면 우리와는 별개의 것으로 생각할 것 같은데 천만의 말씀이다.

자녀가 중요한 시험을 치러가면 부모가 자녀에게 하는 말이 있다. "큰 숨을 세번 쉬고, 시험 문제에만 집중해. 알았지!"

큰 숨을 쉬고 마음을 가라앉히는 것이 사마타이고, 집중한 마음으로 시험 문제를 푸는 게 비파사나다. 그것을 수행이라 할 때는 일상에서 보다 더 분명하게 적극적으로 하는 것이다.

불교 수행이란 말이 있으면 그곳에는 지관(止觀)법인 사마타와 비파사나가 반듯이 있다.

관찰(비파사나)이란 형이상학에 의지한 이치적 논리적인 생각이요 판단이 아닌 보거나 느껴지는 접촉을 바탕으로 사유하는 것이다. 그러기에 관법의 불교를 철학을 포함한 종교라고 하는 이유가 되면서 신 중심인 종교와 구별되는 이유이기도 하다.

세존께서 가르친 '**색온이 무상하다**' 고 들었으면.

조용한 곳을 찾아가 신에게 그 의미를 들으려 하지 않고, 자기에게 있는 색온이 그리고 주위에 있는 색온이 무상한 지를 깊이 관찰[수]하며 사유[상, 행]하고 나서.

그 과정을 다시 기억[식]하여 올바름을 여실히 밝혀 아는 것이다.

다시 고행으로 돌아와 『경』에 나오는 내용인 두 가지 극단의 하나인 쾌락의 길은 일반 사람들이 따르는 것으로 지나친 욕심을 끊으라는 성현이 가리키는 길과 다르다는 것은 관찰없이도 이해가 되는데 다른 하나인 고행은 그냥 지나칠 수가 없다.

『초전법륜경』에 등장하는 대상인 다섯 사문이 사후에 다시 태어남이 없는 열반할 수 있다고 믿으며, 의지하고 닦은 수행법은 고행이다. 누군가가 그들에게 다가와 이제까지 수 년 동안 온 힘을 내어 매일이 고통인 고행에 대해 "그것은 틀렸어!"하고 말한다면 고통은 물론 싫지만 그렇다고 자기들 수행을 즉시 버리고 반색하며, "아하! 그렇군요."하면서 금방 받아들이는 자가 몇이나 있을까.

아주 드물 것이다.

『초전법륜경』에 나오는 다섯 사문 역시 금방 받아들이지 못했는데 중도를 설하며 고행이 잘못이라 했다. 즉 고행의 어리석음을 이해시키는 방법으로 고락중도를 설하고, '중도는 곧 8정도'라 하며 8정도가 들어가 있는 4성제를 설한다. 따라서 4성제 내용 안에는 그들이 행하고 있는 고행을 대신할 수 있는 새로운 수행법이 있다.

네가지 성스러운 진리인 4성제는 신 중심에서 벗어난 인간 중심인 존재론 관점에서 바른 삶은 인생은 단 한 번이라는 단멸론에 입각한 쾌락이 아니고, 윤회를 멈추려 고행을 한다는 고행주의가 아니라면 어떤 내용을 담고 있을까?

열반의 평화로움이여

열반하면 요새처럼 매일이 좋은 날이 아닌 화나는 뉴스를 보는 세상이어서 열받음이 떠오를 수도 있을 것 같다.

열반Nirvana은 불 꺼진 상태라는 산스크리트어로 인도인들은 수행을 깊이 하면 망상 괴로움 공포 두려움 번뇌 등이 불이 꺼지듯 벗어난 상태에 이르고, 몸과 생각이 수명을 다하면 온전한 각성 상태에 이른다 하며 그것을 열반이라 했다. 흔히 불은 열불이 난다, 화가 난다고 하듯 고통이나 번뇌가 활활 타고 있다는 의미로 쓰인다.

다만 아무리 열심히 수행해도 보고 듣고 느끼고 아는 삶 속에서 완전한 열반은 불가능으로 보아 몸이 죽으면 그 후에 얻는 선물로 보았다. 석가모니 역시 목숨이 경각에 이르는 고행을 6년을 했어도 자기 자신에게 생기는 마지막 감정은 멸할 수 없음을 관찰하고 살아서 열반에 불가능하지 않은가 하는 의심을 떨치지 못해 죽어야만 그것은 얻을 수 있는 것이란 결론에 이르렀다.

하여 조용히 목숨을 끊으려 고행을 하다 종종 몸을 씻던 네란자라 강에 들어가 마지막 목욕재계를 하다 별안간 한 생각이 떠올랐다.

그는 그 즉시 고행림을 벗어나 보리수 아래에 앉아 깊은 사마타로 마음을 편히 텅 비게 하고, '나'에 대해 깊은 집중인 비파사나로 관찰하여 그 전에는 누구도 이루지 못했던 위대한 깨침을 얻으니 살아서 열반을 성취하는 경이가 일어났다.

그 후 45년을 길에서 가르치다 음력 2월 15일 길에서 돌아가시니 제자들과 신도들은 그날을 열반일이라 하여 기리고 있다.

석가모니는 당신이 살아서 깨친 열반을 45년 동안 제자들에게 가르쳤는데, 제자들은 석가모니가 돌아가신 날을 열반일로 기리어 지금에 이르는 아이러니가 생겼다. 이와 같은 아이러니가 있기에 불교를 깊이 알고자 했던 이들이 오히려 혼란만 생겨 불교를 의심하며 지금에 이르고 있는 게 아닌지. 그럼에도 그렇게 할 수밖에 없는 것이 수행으로 열반을 깨달으면 "이제 '나'는 사라져 다시는 후세에 몸을 받는 일은 없구나!" 하는 아라한 송을 터뜨리듯, 열반을 살아서 깨쳤어도 결국은 죽은 후에 다시 윤회하지 않는 것이니, 죽음을 어떤 식으로든 열반이라 하지 아닐 수 없다. 그것을 구별하고자 살아서 열반은 유여열반이라 하고 죽은 후 열반은 무여열반이라 하는데 그것 또한 아리송함을 증가시킨다.

누가 죽은 후 윤회가 없음을 증명할 수 있던가.

무엇이 우리를 열반에 관심을 갖도록 하는 걸까.

우리는 고통인 스트레스가 쌓이는 나날을 보내자고 태어난 것 같
지는 않지만 불행히도 매일 매일이 스트레스 연속임을 부정하기 힘
들다. 그러다 보니 스트레스에서 벗어나고자 취미 생활을 하고 여행
을 떠나기도 한다.

코비드 19가 터지기 전인 2018, 19년은 인류 역사상 전 세계인의
여행이 가장 많았던 여행의 해로 기네스 북에 오를 것 같다.

왜 오늘 일하냐고 물으면 내일 여행하기 위해서라고 답할 만큼,
왜 태어났냐고 물으면 여행하기 위해 태어났다고 할 만큼 많은 사람
들이 여행을 찾았고 즐겼다.

인과응보의 심플한 이치는 '지금 당장 좋은 것은 나쁜 결과를 초
래한다' 는 것인데, 여행을 누구나 너무 좋아하니 여행을 쉽게 함부
로 하지못하도록 코로나 19라는 전염병이 나온 게 아니냐 생각이 들
정도로.

만일 여행이 죽음에 이르는 병에 대한 고통을 잊는 멋진 방법이라
면 요새 젊은이들이 빠져 있는 게임중독 또한 고통을 잊는 방편이라
할 수 있다. 문제는 중독이 되면 될수록 죽음이란 병 또한 더욱 커진
다는 것이다.

여행하는 목적이 고통이나 불행을 해소하기 위함이었다면 그것은
삶을 희로애락이 함께있는 것으로 보고 있는 게 된다.

동양에서는 신선이라 하여 영원한 삶을 동경하는 것은 삶이 괴로
운 게 아니라는 사상이 담겨 있고, 서양인이 죽은 후 천국을 희망하

는 것은 살아서는 고통과 기쁨이 섞여 있지만 죽어서는 행복만 있으면 좋겠다는 바램이 담겨 있다. 이렇듯 동서양인 모두 삶을 부정적으로만 보는 게 아니었는데, 인도인들은 달랐다.

인도인들은 삶을 온통 괴로움 뿐으로만 보았다. 코비드19 전처럼 세계 어디든 여행하기 좋은 환경이 만들어지기에는 시간이 걸릴 것 같기에. 그것은 여행이 삶의 전부인 듯 살아온 이들에게 코비드 19로 인해 여행을 할 수 없게 되었다면 그들에게 닥친 이 세상은 온통 괴로움뿐인 세상이 아닌가. 삶은 괴로움이 전부임을 깨달으면 행복을 찾아 떠나는 생명체인 인간이란 종족은 열반에 관심을 갖지 않을 수 없다. 이곳저곳 돌아다니지 않으며 한 곳에서 스트레스를 없애는 열반에 눈을 돌린다.

석가는 평소 제자들에게 말하길 '내가 가르치는 법은 처음도 중간도 끝도 좋다' 라고 했다.

그 말은 석가모니가 가르치는 법을 따르면 스트레스가 점점 줄어들어 마지막에 이르면 스트레스가 완전히 사라진다는 것이다. 설사 우리가 마지막 단계까지는 이르지 못해도 처음도 중간도 좋다고 했으니 어디까지 가든 좋지 않은가.

열반에 이르는 첫번째 관문은 바르게 보라는 정견이다. 바르게 본다는 것은 무엇을 어떻게 보라는 것인가.

삶의 주인공은 내가 아니라, 삶이 곧 주인공임을 보는 게 바로 보는 것.

그 말은 내가 살고 있는 게 아니라, 살고 있는 자를 나라고 보는 것이고, 그것이 정견이다.

그게 그것처럼 보이는데, 어떤 차이가 있는지를 고요히 마음을 가다듬고 바라보아 참인지 보는 것을 선정이요, 참선이라 한다. 하여 삶의 주체인 자아가 선천적으로 없다는 무아를 깨치면 그때까지 나에게 머물고 있던 괴로움이나 고통이 사라지니 그것을 열반이라 한다.

이렇듯 살아서도 죽어서도 열반이 있음을 보여주는 모델이 석가모니 부처님이시다.

하여 불자들은 석가모니가 돌아가신 날을 열반일이라 하여 특별히 기리고 있다.

그날이 음력으로 2월 15일이다.

불교란 무엇인가?

불교는 나에게 있는 온갖 고통이나 슬픔, 괴로움을 멸하려는 종교가 아닌, 고통, 슬픔, 괴로움이 머물고 있는 자아가 없음을 깨쳐..괴로움 등이 붙을 찬스가 없음을 가르치고 체험토록 하는 종교다.

가출을 출가로

전쟁을 일으키는 천사나 보살은 없다는데 전쟁을 일으키고 진행하고 있는 자들은 전쟁 속에 죽어가는 자나 가족의 고통에 미안한 척 하는 제스처를 취하고, 자신이 정의의 사도인양 큰소리로 정당성을 주장한다.

가자 지역 팔레스타인에 대한 이스라엘 군의 무자비한 무력과 폭력에 민주 시민은 심각한 우려를 갖고 있다. 세상은 이기적 탐욕이 아니라 이타적인 사랑이 우선해야만 한다하는 이들은 이스라엘 지도부의 팔레스타인에 대한 비인간적인 청소 작전을 비난하며 뉴욕 등에서 시위를 벌이니 하루하루 집과 직장을 차 타고 오가며 살아가는 뉴욕 시민은 불편을 겪고 있다.

정도의 차이가 있을 뿐 미국 국내 정치도 이스라엘과 팔레스타인 대립처럼 심각하다. 미국의 정치는 민주당과 공화당인 양대 정당이 있어, 자유와 부유층을 대변하는 공화당과 평등과 서민을 우선하는 민주당이 적당한 대립과 타협으로 또는 시이소오처럼 어제는 공화당이 오늘은 민주당이 연방 국가인 나라를 이끌어 왔다.

그런데 근래 들어 자기만 우선하며 상대를 무시하는 극단적인 정치인들이 전면에 나서니 갈수록 대립은 깊어져 오늘의 미국은 마치 우리나라가 민주당과 국힘당으로 쪼개져 있듯이, 내부적으로 공화당과 민주당 두 국가가 있는 것처럼 보인다. 즉 대서양 태평양 양안 지역은 민주당 국가로 미 중부와 남쪽 지역은 공화당 국가로 쪼개져 가는 것 같아 평범한 미국 시민의 스트레스는 점점 가중되고 있다.

나라가 쪼개져 힘을 잃는 일이 없도록 하려면 자기만 고집하는 극단적인 자들 대신에 상대를 인정하는 자들이 정치 중심에 서야만 하는데, 현실은 오히려 극단적인 자들이 더욱 중심에 모여 목소리를 높이며 일방적인 상대 무시로 일관하고 있지 아니한가.

팔레스타인 전쟁이나 우크라이나 전쟁을 보면 이기적 탐욕의 정치인들과 군수 업체 사업가들이 결탁해 자기 욕심을 채우려 도발을 서슴없이 하니 전쟁은 점점 더 커지고, 이기적 욕심 때문에 타협점을 찾지 못해 우크라이나든 러시아든 그 나라 서민들만 고스란히 매일이 지옥 같은 고통을 겪고 있다.

문제는 이기적인 탐욕이요 분노다.

어디서나 갈수록 심각해지는 양극의 대립을 줄이려면 우리가 갖고 있는 탐욕을 줄여야만 하는 데, 탐욕을 자유라는 미명으로 부추기는 자본주의 체제에서 탐욕을 줄이라는 게 가능한지 의심이 들 뿐이다. 자본주의 국가는 스스로의 위험을 느끼고 수정자본주의를 만들었는데, 수정자본주의 요체는 부자들의 과욕을 누진세 등으로 정부가 강제로 절제시키는 것이다. 예를 들면 일론 머스크의 부는 작은 국가의 일년 예산보다도 많다고 하는데.. 그것이 과연 정상일 수 있는가. 개인이나 가족 또는 회사가 적정한 부 이상을 소유할 수 없도록 법을 만들어 놓아야 하는 게 하는지. 절제하지 못하는 개인의 탐욕적 자유가 공공의 자유보다 자유로울 수는 없다.

과거로 부터 성현들은 탐욕을 줄여야만 한다고 아우성이지만 본능적인 것처럼 보이는 탐욕을 어떻게 줄일 수 있느냐는 것.

가출은 당장의 스트레스가 싫어 현장에서 떠나는 도망일 뿐인데, 도망간다고 현장이 없어지는 것은 아니다. 가출한 청소년의 비행은 어느 한 나라만의 문제가 아닌 모든 나라의 문제지만 어느 나라도 제대로 해결한 나라가 없이 끊임없이 이어져 오는 골머리일 뿐이다.

이천 오백여 년 전, 석가모니가 성을 떠난 것은 가출이 아닌 출가라 한다. 그 이유가 무엇일까?

가출이지만 이기적 탐욕을 줄이려 현장을 떠나는 것은 가출이 아닌 출가라 했다. 그는 "내가 모든 사람들을 행복하게 해 주리라" 하며 현실 도피가 아닌 고통의 현실을 행복한 인간으로, 사회로 변화시키기 위해 성에서 도망치듯 떠났다.

그것이 가출이 아닌 출가라 함은 사회로 다시 돌아온 그는 45년 동안 사람들과 사회가 평화로울 수 있는 법을 세상에 전했다.

왕자였던 석가모니가 출가하지 않았더라도 전륜성왕이 되어 세상에 빛이 되었을까. 글쎄다. 문제를 해결하려면 그 현장을 일단 떠나 3자 입장에서 바라보는 시간을 갖거나 출가와 같은 행동이 있어야만 한다. 자기의 탐욕을 줄여 냉정히 현장을 볼 수 있는 능력을 키우는 자기만의 시간을 갖고 공부를 한 후 다시 현장에 돌아와 참여를 하면 많은 문제가 풀리지 않겠는가. 그러기에 가출은 사회 문제를 증가시키는 마약이요 악의 꽃이지만, 출가는 사회 문제를 풀 수 있는 최고의 보약이요 선의 꽃이다.

지금 세계는 탐욕에 의한 갈등이 깊어지는 가운데 불만이 많은 젊은이들의 극단적인 폭력 예를 들면 자기가 졸업한 초등학교에 총을 들고 들어가 선생님과 아이들을 향해 총을 쏘거나 보통 시민들이 쇼핑하는 건물에 들어가 무차별 총기 난사하는 묻지마 범죄가 늘어나 사회를 불안하게 하고 있다.

이런 젊은이들의 일탈이나 가출을 줄이고 삶의 목적을 바르게 바라보도록 하는 제도로 일주일 내지 한 달 기간의 단기 출가와 같은 장치를 사회에서 만들 수는 없을까. 폭력적인 마음의 충동을 스스로 절제하기 힘들어하는 젊은이들이 자신과 사회를 바르게 돌아볼 기회를 줄 수만 있으면 세계는 그만큼 편안해질 수 있을 터인데.

카필라 왕국 왕자였던 석가모니가 고통 대신에 평화를 전하겠다는 원을 세우고 출가한 사건은 21세기 오늘에서도 너무 중요한 의미가 있기에 절에서는 석가모니의 출가일인 음력 2월 8일을 잊지 않고 기린다.

청소년 가출과 총기 사건과 같은 일탈적 행동을 방치만 할 수 없는 지금, 젊은이들에게 자기를 돌아보게 하는 단기 출가와 같은 장치를 고등학교 정규 커리큘럼에 넣어 사회 제도로 정착시키는 정책에 모두가 관심을 가져야 할 시기라고 본다.

석가의 외침인 "모든 사람을 행복하게 하리라" 하는 외침은 불자만이 아닌 종교, 성별, 신분, 인종, 빈부 등에 걸리지 않는다.

자기를 바로 봅시다

밖에는 하얀 눈이 소복이 쌓이던 일요일 오전 뉴저지 보리사에서는 성철큰스님이 입멸하신 이후 그의 제자들이 스승을 어떻게 몸과 마음으로 받아들이며, 세상에 전하고 있는 지를 보여주는 열반 30주년 다큐멘터리 "자기를 바로 봅시다" 비디오를 보여준다.

(유튜브 특집 자기를 바로 봅시다 / 성철 스님 열반)

2023년은 성철큰스님 열반 30주년이니 이제는 큰스님 1대 제자인 천제스님, 만수스님, 원명스님, 원륭스님, 원택스님, 원영스님, 원소스님, 묘엄스님 그분들이 노장 대접을 받는 시대가 되었다.

성철큰스님은 1912년에 태어나 1993년에 돌아가셨는데, 스님이 사셨던 한반도는 시간으로는 일제 강점기, 광복 이후 어지럽던 미군정과 6.25 전쟁, 이승만과 군사 독재에서 전두환에 이르는 혹독했던 시대였고, 공간적으로는 조선조 500여 년 동안 참으로 긴 시간 탄압당하고, 그것도 모자라 일제 36년 한민족 말살 정책 가운데 불교 회

유책이 담겨 있어서 우리 불교는 아수라장 같은 혼돈의 회오리 속에 피폐해진 아슬아슬한 불교 상황였다.

당시 한반도는 1945년 광복하고, 이남에는 민주국가가 등장하여 종교 자유 경쟁 시대를 초래하니 서양 문물의 물결 속에 들어온 새 종교인 천주교와 기독교에 밀리는 구태의 불교로 그대로라면 망할 수밖에 없었던 불교를 현대 불교로 변화시켜 지금에 이르도록 선두에서 이끄신 혜안의 스님이시요, 선지식이 바로 성철큰스님이시다.

현재 승려는 크게 두 모습으로 나뉜다. 하나는 이판승, 다른 하나는 사판승.

승려 개인은 상황에 따라 이판일 수도 사판일 수도 있지만 반드시는 아니나 승려는 이판승만 할 수 없고 사판승을 하도록 되어있다. 이판승은 성불 또는 견성을 목적으로 수행 정진이 우선으로, 수행한 바를 제자와 일반인들에게 전한다. 사판승은 불교를 세간인 사회와 유기적인 관계를 맺도록 하고, 불교를 유지, 보전, 전법, 발전시키는 것을 화두 삼아 열중하는 행정 승려다.

그러기에 현실에서 사판의 중요성이나 힘은 결코 작지 않지만 불교라는 역사에서는 원효 스님, 보조 국사, 경허 선사와 같은 내면 수행을 강조하는 이판승이 주인공이다.

성철큰스님은 순수한 이판승의 상징으로 한국불교의 핵심이 무엇이며, 무엇을 지키며 나아가야 하는 지를 오롯이 보여준 부처님과 같은 큰스님이시다. 그러기에 성철큰스님은 한국인에게 부처님이라 해도 지나침이 없다.

그런 큰스님의 가르침이 제자인 원택, 원영 스님 등에 의해 어떻게 보전되고 전해지고 있는지를 다큐멘터리 "자기를 바로 봅시다"는 가득 메우고 있다.

어떻게 보는 게 자기를 바로 보는 것일까? 성철큰스님은 외치신다. **"부처님은 세상을 구원하러 오신 게 아니라, 세상은 이미 구원되어 있음을 깨우려 오셨다"** 따라서 '본래 나는 구원되어 있구나!' 하고 보는 게 바로 보는 것이다.

인도 부처님이신 석가세존은 "일체 중생을 구원하겠다"고 하여 구원을 시작하셨는데, 한반도의 성철 부처님은 우리는 구원될 씨앗이 이미 갖추어졌으니 그것을 깨우기만 하면 된다고 하는 것이다.

자신은 성철큰스님을 따르는 불제자라고 여기면 무엇을 닦아야 할까? 예외 없는 규칙이 어디 있느냐만은 그와 같은 불제자는 화두 참선을 닦아야 하고, 재가자는 108 참회 기도와 삼천배 그리고 대불정 능엄신주 기도를 수행해야 한다. 주위에는 재가자로 화두 참선을 하는 이가 적지 않다.

한편 성철큰스님 행적 가운데 덜 전해지는 부분은 보살행에 대한 내용이 아닌가 하는 생각이 들었다. 위 비디오는 **"일체중생이 다 행복하게 해 주십시오!"** 하며 시작한다. 석가모니 부처님의 출가게송과 직통한다.

일체중생이 다 행복해지려면 큰스님을 따르는 불자는 무엇을 실천해야 하나? 화두 참선으로 충분한가, 108참회 기도나 능엄신주 기도로 충분할까.

일체중생을 행복하게 하려면 우리가 무엇을 실천해야 하는지 저 비디오에서는 꼭 집어 보여주지 않지만 우리는 안다.

성철큰스님은 평소 어린이들을 그리도 좋아하시고 관심이 많았다. 큰스님을 따르는 절이라면 어린이가 맘껏 놀며 자랄 수 있는 최고의 조건이 되어야만 하는 게 아닌지.

뉴저지 보리사를 보면 어린이들과 젊은 부모님들이 관심을 갖고 모일 수 있도록 스님은 무진 애를 쓰는데 아직도 초보적 수준이라 하겠다. 뜻과 의지만으로 될 수 없어 연이 함께 따라야만 되는 것임을 불자라면 다 알고 있어 원영 큰스님 노력만큼 결과가 보이지 않는데, 어린이와 부모가 편하게 모여 즐겁게 어울릴 수 있는 공간은 물론 모여서 놀이 등 무언가를 할 수 있는 방편이 잘 구비되어 있어야만 하지 않느냐 말이다.

그런 아쉬움 속에 큰스님 명저인 『백일법문』을 강설하게 된 동기는 '대승불교는 비불설'이라는 비판과 비난이 도를 넘어서자 대승불교의 종지를 밝혀 불교의 정통임을 보이고, 대승 불자를 안심토록 하며 용맹정진에 힘쓰도록 설한 방편이라 했다.

문자로 된 『백일법문』 안에는 화두 수행하는 참선 목적과 세상이 구원되어 있음을 보려면 중도를 깨달아야만 한다는 강조가 처음부터 끝까지 촘촘히 박혀있다.

경 공부는 중도를 이해하는 길이요, 선 공부는 중도를 깨치는 길이다. 일체 중생을 행복하게 하려면 중도를 이해하고 수행하면서 세상에 전해야만 한다. 어린이는 커서 어른이 되듯 중도를 세상에 전하는 보살행은 일체 중생을 행복하게 만드는 밑거름이 아닐 수 없다.

한편 중국 선종에서는 누구에게나 존경받는 큰스님을 조사(祖師)라 하며 부처님처럼 대접했다.

성철 큰스님은 열반 30주년을 맞이하여 인도의 종단으로부터 삼장법사 패를 받았다. 삼장법사란 율, 경, 논인 삼장에 통달하여 존경받는 훌륭한 승려라는 것인데 성철큰스님은 삼장법사 패 받는 것에 관계없이 『백일법문』책 한 권만 보아도 선은 물론 경에도 최고인 스님임을 알 수 있다.

그런 분을 부처님이라 아니하면 무엇이라 호칭하랴!

성철 부처님 열반 30주년을 보내며.

성철 부처님께 귀의합니다.
성철 부처님 가르침에 귀의합니다.
성철 부처님 실천에 귀의합니다.

나무반야바라밀.

산은 물이요, 물은 물이다

　'나는 생각한다. 고로 나는 존재한다'는 말은 데카르트 말로 알려졌는데, 기원 전 4세기에 활동한 철학자 아리스토텔레스가 그런 말을 했고, 기원 후 4,5세기에 활동한 아우구스티누스 역시 비슷한 말을 했다.

　그럼에도 '나는 생각한다. 고로 나는 존재한다'는 의미인 'Cogito, ergo sum'은 데카르트가 한 말로 그것을 부정하는 이는 없으리라. 너무 지당하신 말씀으로 시시하기 그지없는 이 문장이 지금도 회자되고 있는 이유가 무엇일까?

　인류 역사는 신 중심에서 비씨 6, 5 세기에 인간 중심으로 바뀌었는데 인간 중심이 되었다고는 하지만 데카르트 시대에 이르기까지 여전히 신이 중심으로 신을 앞세운 자들이 신의 이름으로 인간을 처형하는 사회에 대해 데카르트는 신을 생각하는 자기 자신 생각의 소중함을 보라는 메시지였던 것이다. "나는 신을 생각한다, 고로 신은 존재한다"

　"산은 산, 물은 물"이란 말은 중국의 어느 고승이 한 말로 선종에서는 잘 알려진 말이지만, 성철큰스님이 전한 말로 우리에게 커다란 울림으로 다가온다. 20세기를 환히 비춘 부처님이신 성철큰스님(1912–1993).

　"자기를 바로 봅시다" 라는 매우 평범한 말이지만 탐욕에 끌려 본 마음을 잊은 자나 권력과 머니에 눌려 자기기만을 일삼고 있던 지식인들을 흔들어 깨웠듯이, 한국 불교계는 물론 세계 불교사에서 존경으로 언급되어야만 하는 큰스님.

　'불교는 중도의 역사'라는 것을 팔만경의 준봉을 두드려 증명해 보여주신 큰스님. 21세기를 살아가는 불자들의 화두는 "이뭐꼬?!"가 아닌 '성철큰스님'이 그대로 화두요, 염불이 되도록 대한민국 불자라고 여기는 이들은 큰스님을 밝혀 세상에 알리는 게 의무라고 본다.

　"지심귀명례 차사창건 선문중흥 정법선양 성철대종사."

　지극한 마음으로 보리사를 창건하시고 참선을 중흥하시어 바른 법을 널리 펼치신 성철큰스님께 절하옵니다.

　그걸 보면 누가 처음 말했느냐도 중요하지만 누구에 의해 사람들이 주목하게 되었느냐 역시 그 못지않게 중요하다.

　사회의 흐름은 훌륭한 지도자나 인물이 이끌어 가지만, 시대를 불문하고 사회의 주인공은 그것을 보고 받아들이고 생각하는 우리 자신이기 때문이다.

12세기에 활동한 청원유신 선사가 "내가 삼십 년 전 참선하기 전에는 '산은 산, 물은 물'로 보았다가 나중에 선지식(善知識)을 친견(親見)하여 깨침에 들어서 '산은 산이 아니고 물은 물이 아니게 보았다.'

지금 휴식처를 얻고 나니 옛날과 마찬가지로 '산은 다만 산이요, 물은 다만 물로 보인다.'

그대들이여, 이 세 가지 견해가 같으냐? 다르냐? 이것을 가려내는 사람이 있으면 나와 같은 경지에 있다고 인정하겠노라."에서 유래한 것이다.

그 해석을 보면 처음에 나오는 "산은 산, 물은 물"이란 말은 세 살 먹은 아이도 이해할 수 있는 말이라 하겠는데 수행을 하여 깨달음이 생기고 보니 '산은 산이 아니고, 물은 물이 아니게 보았다.' 그렇게 세상을 보고 가르치다, 이제 마음이 쉬는 자리에 이르니 '산은 다만 산이요, 물은 다만 물로 보인다.'

시작은 참 쉬웠는데 어려워지더니 끝은 무슨 말인지 아리송하다. 어려운 말은 없는데, 뜻이 어렵다. 이게 무언가?

'산은 산'이란 말이 무엇을 전하려 하는 것인지 안개산을 헤매듯 흐릿함에서 벗어나지 못한다.

우리는 세상에 태어나 학창 시절 학교에 다니며 온갖 지식과 기술을 배우고 살아왔다. 12년 또는 16년이란 결코 짧지 않은 시간을 그것도 인생의 황금 시간인 청년기에 주입식 공부를 해야만 하는지 정확한 이유도 모른 채 부모님이나 사회가 그렇게 하라고 하니 그렇게 해 온 것뿐이다. 그렇지만 그렇게 공부한 결과로 성공 또는 실패, 평범한 인생이 정해지지 않는가.

그러니 그와 같은 사회 시스템이 불합리하게 보이지만 사회인 대부분이 그 틀 안에서 살아가듯 사회가 나에게 열어준 길대로 살아가는 인생을 청원 선사가 맨 처음에 기술한 '산은 산, 물은 물'로 보고 사는 세상이라 할 수 있다.

그들 가운데 얼마간은 그와 같은 사회 구조에 의문을 품어 '내가 왜 이렇게 살아야만 하지?' 하면서 사회가 만들어 놓은 길을 벗어나는 천재나 천치라 불리는 이들이 있다.

그런가 하면 본의 아니게 시스템에서 낙오를 하여 사회와 자신이 다르다는 것을 격하게 느끼는 자도 있다.

나는 대학에 떨어져 방황할 때 그 경험을 했다. 해서 남과 다르게 보이는 '나는 누구인가?' 하는 의심이 생겼고, 그 답을 구하고자 노력을 했다.

그런 자들 가운데 '산은 산이 아니다'라는 안티를 벗어나지 못한 자들은 사회 부적응자로 불행한 일생을 보내는 자들도 있고, 게릴라처럼 안티적인 사회운동을 주도 하는 자도 있는데, 누구는 수행자나 종교 지도자가 되어 사회에 감로수를 마시도록 하는 이도 있다.

그런 이들 가운데 '산은 산이 아니다'에 머물지 않고 더 나아가면 '산은 그래 산이다'라고 보는 세계에 도달하게 된다. 그 세계는 어떤 곳일까.

한편 첫 번째 '산은 산'에 의심을 품고 출발해 '산은 그래 산'이란 결론에 이르렀다면 둘은 같은 듯 한데 '그래'란 말이 들어가 있듯이 처음과는 비슷하지만 그 안에는 반전에 또 반전이 있어, 성철큰스님처럼 사회의 부조리를 보면서도 거기에 휩쓸리지 않는 길을 걷는다.

이것은 정반합의 변증법과 비슷하다. 변증법은 우크라이나 전쟁에서 볼 수 있으니 러시아와 우크라이나 관계는 평화로운 듯 지속되고 있었는데, 욕심을 낸 우크라이나 권력자들의 반러시아 행위에 러시아 침공으로.. 앞으로 결과는 휴전이든 종전이 전쟁을 멈추면 두 나라는 겉으로 평화적인 모습으로 보이겠지만 두 나라 관계는 전과는 전혀 다른 모습이 될 것이다.

이처럼 변증법은 우리가 눈으로 볼 수 있거나 사회가 겪는 갈등과 결과로 증명이 되는 존재적인데 반해 '산은 산, 물은 물'에서 '산은 그래 산이요 물은 그래 물이다'라는 깨침은 눈으로 볼 수 없는 마음에서 생기는 변화이기에 상대가 깨쳤는지 아닌지 아는 게 어렵다.

성철큰스님이 정말 깨친 분이야? 하는 의심은 스스로 거두기 전까지 누구도 없앨 수 없다. 그 말은 가짜 성현이 있을 수 있다는 것.

지금 사회는 혼란스럽다. 전쟁이나 질병, 그 전과는 다른 엄청난 피해를 일으키는 자연재해가 끊임없이 이어지고 있어 그 속에 사는 우리는 공포와 커다란 스트레스를 받고 있다. 이럴 때 '물은 그래

물일 뿐'임을 깨친 분이 일어나 사회에 빛이나 소금이 되어야 할 터인데 현실은 거짓 깨친자들이 나타나 사회를 더욱 오염시키고 있다.

한편 '산은 산이요, 물은 물'이라는 것은 보이는 대로 세상이 존재한다고 여기는 분별 세계로 너와 내가 분별된 평범한 이들이 사는 존재 세계가 된다. '산은 물이 아니요, 산은 물이다'라고 하는 것은 분별이 일어나기 전으로 너와 내가 분별이 없는 카오스처럼 평범한 세계가 일어나기 전 본래 세계를 지적한 것이다. 분별을 하지 않는 분별을 하지 않는 세계에 머물고 있는 이들의 행동은 보통 사람 눈에 괴기하게 보일 정도다.

하루는 경허큰스님이 만공스님이 종일 걸었으니 어깨에 느껴지는 음식과 떡 과일이 든 걸망의 무게는 천근이다. 해서 타박타박 걷고 있는 데 눈 앞에 망우리 언덕처럼 높은 언덕이 버티고 있다.

애고~ 하고 만공스님이 한숨을 쉬니 그 모습을 본 경허큰스님이 밭에서 일하고 있던 아낙에게 다가가 그녀의 뺨에 뽀뽀를 하곤 "동생, 어서 가세!" 하며 달린다. 놀란 만공스님도 얼떨결에 줄행랑을 치기 시작했고. 한참 언덕으로 달린 후 뒤를 보니 언덕배기 밑에서 쫓아오는 이들이 보이지 않는다. 다행이란 생각에 다시 한숨을 쉬니 경허큰스님 하는 말 "지금도 언덕 올라갈 일이 태산인가?"

'산은 다만 산'이라는 것은 본래는 너와 나 분별이 없는 것이나 그렇다고 허무요, 아무것도 없는 게 아님을 깨친 것으로 '무위 위에 유위'를 보듯 너와 나를 말하지만 무지와 탐욕의 분별에서 오는 괴로움이 사라진 경계가 된다. 처음 보는 아낙에게 대낮에 거리에서 뽀뽀를 하면서도 자기와 남을 분별하지 않으니 음탕이나 불순이란 마음이 없다.

그런 경허큰스님의 기행에 성철큰스님은 조용히 미소를 지으며, 제자들에게 계율 지킬 것을 엄히 했다. 성철큰스님 제자인 원영 큰 스님은 누구에게나 자애롭지만 계율을 엄히 지킨다. 경허, 성철 두 스님 모두 '그래 산'을 깨치신 분이다.

봄에는 예수 부활절이 있고 석가 오신 날이 있다.

지금 사회는 석가나 예수처럼 물질보다 마음을 치료해 줄 성인이 간절히 필요한 때인데, 아직 여명이 오지 않은 무명의 새벽처럼 어둡기만 하다. 의인은 어디쯤 오고 계신가.

경허 선사와 법륜 스님

우리 불교의 특징은 참선과 보살이다.

물론 처음 불교가 바다와 육지를 통해 들어올 때 그렇게 정리된 것은 아니다.

참선은 삼국 말에 한반도에 들어와 삼국 시대에 뿌리를 내리고, 보살행이 중심인 대승불교는 고구려 승랑스님을 보듯 동아시아 대륙에서 일찌감치 톱 클라스에 이르렀다. 승랑스님은 장수왕(394~491)후기에 랴오둥[遼東]에서 태어나 중원에서 활동하였고, 그때 달마가 양나라에 왔다는 데 둘이 만났다는 기록은 없다.

신라에서는 달마의 선종을 받아들여 전승하니 고려 보국국사 지눌선사 이후 한반도 주류 불교가 된다. 그에 반해 대승불교의 핵심인 중생구제에 나서는 단체 보살활동은 왕권 국가 권력층에게는 자기를 위협하는 세력이 될 수 있기에 처음부터 금기시 되었으니 개인적인 보살행을 인정할 뿐이었다. 그러다 조선조는 불교 자체를 박해하니 간신히 생명을 연장하는 수준에 머물게 된다. 그런 조건은 세간의 보시로 유지되는 절을 지키기 위해 절은 법을 전하고 받는 공간이라기 보다 복을 빌고 재물을 바치는 장소로 전락한다. 그런 모습이었기에 기복이요 더 나아가 미신 불교라 불리는 이유가 되었다. 우리 불교나 무속 신앙을 미신이라고 몰아 세운 것은 한국기독교가 아니던가? 기복이라 하여 불교와 무속이 미신이라면 기독교 역시 형식을 달리한 기복적 미신 종교를 벗어나지 못한다.

보살불교의 참 의미는 사홍서원에 처음에 나오듯 모든 생명을 구하겠다는 것으로 그런 행동을 관세음보살님에게만 맡기는 게 아닌 우리 스스로 관세음 보살이 되어 보시를 베품을 행하는 것이다.

하지만 그와 같은 보살의 참 의미는 조선조에서는 거의 사라지고 경허 스님 이후 다시 뿌리를 내리기 시작해 일제 강점기 시대에 새싹이 나와 다시 자라기 시작한다.

광복 이후 보살 불교가 조금씩 조금씩 정리되어 갔지만, 그때 한반도의 이남은 미국화를 바라는 이승만 정권이 앞장서서 기독교를 적극적으로 밀어준다.

불교는 일제 시대에 독립을 위해 만주에서 항쟁하는 독립군에게 비밀히 직접적인 도움을 주었건만 그런 일화나 사건은 축소되어 일반에게 알려지지 않는다.

천주교도 그렇지만 특히 개신교는 겉보기엔 보살행 실천 종교라 해도 과언이 아니다. '세상 끝까지 내[야훼] 말을 전하라'는 기독교를 전하는 방편으로 보살행의 핵심인 배품을 전면에 내세웠다. 광복을 맞이했지만 가난에 찌들어 있던 당시 아이들에게 직접적인 도움을 베푼 곳은 미국과 유럽의 서포트를 받는 교회요, 성당이었다.

그것을 보고 자란 어린이들은 세살 버릇 여든까지 간다고 어른이 되어도 기독교에 호의적이어서 이제 대한민국은 기독교가 주류인 종교가 되었다.

그에 반해 일본의 불교는 어떤 길을 걸어왔는가.

일본은 임진왜란이 이후 들어선 막부 정권이 서양 종교에 대항하는 수단으로 불교를 이용했기에 일본인은 가난했지만 절은 재산이 있었고, 미국을 위시한 서양 문물이 들어올 때 절은 일본 문화를 지키는 보루가 되어 교육 기관을 관장하여 대중 교육이 시작될 때 절이 앞장을 선다. 그런 환경에서 자란 어린이가 어른이 되어 불교를 친근하게 감싸니 일본인 스스로 자기는 아시아에 있는 유럽이라고 큰소리치고 있지만 일본에서 기독교는 소수요 비주류인 종교에 머물 수 밖에 없었다.

중국을 보면 동이족이 세운 청나라는 유교를 바탕으로 불교, 도교 그리고 이슬람교까지 허용하는 정책을 펼쳤으므로 종교간의 갈등이 심각하지 않았다. 그러다 1945년 중국 공산당이 중국을 통일하고 불교를 포함한 일체 종교를 아편 취급했으니 불교 기독교 구별할 필요 없이 종교는 모두 힘을 잃는 가운데 공산당이 불교를 자기 정치에 이용하니 소림사를 앞세운 중국 불교는 막강한 머니를 바탕으로 세

계 불교 종주국이 되려 엄청난 투자를 하고 있어 머지않아 그 결과
나 나올 것으로 보이는데 아직은 내실이 허약한 것 같다.

차라리 타이완 불교가 알차게 자리 하고 있지만 작은 세력이라 세
계의 눈으로 보면 잘 보이지 않는다.

한반도 이북은 공산 사회주의 국가 체제이니 종교를 논할 형편이
안되고, 이남은 광복이 이후 미국의 민주체제를 헌법으로 정하면서
종교의 자유가 주어지니, 미국의 종교인 기독교가 미 군정의 힘을
바탕으로 삽시간에 전국에 튼튼한 자리를 잡게 된다. 위에서 보듯
현실에서 동 아시아 종교는 정치 권력에 의해 좌지우지 되고 있음을
볼 수 있다.

K-문화가 세계 문화가 될 수 있는 바탕에는 한민족이 갖고 있는
탁월한 디엔에이가 인(因)이 되고, 6.25 이후 마른 스펀지가 물을 빨
아들이듯 수입된 서양 문화라는 연(緣)있었기에 가능했다. 유럽이
든 동 아시아이든 K-문화를 카피할 수 있지만 창조적이지 못한 것
은 우리가 걸어온 역사가 그들에게는 없기 때문이다. 그러나 다 좋
을 수는 없으니 2천 년 또는 5천년 역사를 갖고 있는 한반도의 찬란
한 문화를 빨리 잊어버린 나라가 되었다.

현실은 현실이다.

이런 마당에 우리가 취해야 할 것은 정말 좋은 것을 추려 동서 가
리지 말고 우리 것으로 만들고 전하는 것이 아닐런지.

그런 가운데 불교에서 우리가 취하고 세우고 전하고 일상화해야

하는 것은 바로 베풂을 삶으로 강조하는 보살행이다.

경허 선사는 개인이 할 수 있는 수행을 바르게 세워 전할 수 있는 기틀을 마련했지만 보살행에 대해서는 부족했다.

사람에게는 육안이 있고, 법안이 있고, 혜안이 있다고 한다.

이효리의 섹시함에 떼지 못하는 눈을 육안이라 하고, 효리의 아흔 살 모습을 연상하며 지금의 효리를 덤덤하게 보는 눈을 혜안, 서른의 효리와 아흔의 효리를 동시에 보며 서른의 효리에 유혹됨 없이 "섹시하네"라고 보는 눈을 법안이라 한다.

그리고 부처님 눈이라 하여 불안이 있는데 그 상태는 어떻다고 말하기가 참 거시기다. 우리가 경험할 수 없는 눈이기에 그런 눈이 있다고만 하겠다.

경허선사는 혜안, 법안에 이른 것으로 보이는데 그에게 무엇보다 시급한 것은 조선조에 망가져 사라져 버린 바르게 수행하는 길을 출가자들에게 가르치는 것이었다.

즉문즉답으로 유명하신 법륜스님은 경허 선사 제자이지만 경허 선사의 길과는 다른 용성 선사의 맥을 이어오고 있다.

용성 스님은 선농일치라 하여 참선 수행과 생산적인 일을 함께 닦을 것을 권하고 수행자와 더불어 사회와 재가불자에 관심을 갖고 있었다. 재가자를 위한 한글 역경 사업도 스님에게서 시작되었는데, 스님의 강조는 보살행이었고, 그 강조가 법륜스님으로 이어지고 있는 것이다.

법륜스님은 법정 스님보다 더 한발 나가 재가자 수행과 보살행을 강조하면서 보살행을 더욱 중시하는 길을 걷고 계시는 스님이다. 법륜스님은 최초로 세계를 무대로 이타행 중심의 보살불교를 펼치신 스님으로 K-불교가 어떤 모습의 불교여야 하는지 모델이 된다.

아직 대한민국 보살불교의 역사는 어린 만큼 더욱 성숙해야만 한다.

보살행 바탕은 간단하다.

나 보다 남을 우선하는 이타적 선행이다.

근본불교는 나에게서 나가 없는 자리[무아]로 향하는 불교.

대승불교는 나 없음을 알지만, 지금 여기서는 철저히 나를 세워 남을 우선하는 이타행의 삶을 사는 불교가 된다.

법륜스님이 성철큰스님보다 더 인기가 많은 것은 여기서 살고 있는 재가자들이 바로 실천하면 좋을 것을 보여주고 그 길로 이끌고 있기 때문이다. 그게 대승불교가 아닌가.

그와 같은 대승불교, 보살행은 개인적으로는 물론 사회적으로 그룹이 되어 실천하는 모임이 매우 많아져야만 하고, 그러기 위해서 절에서는 법륜스님 행적을 모델로 삼아 그것을 가르치고 실천하는 보살을 키우는 일이 폭발적으로 진행되고 있어야만 하는데 현실은? 미지근하기만 하고 더러는 방향을 못 정하고 갈팡질팡하면서 어그적 거리고 있지 않은가. 조계종 총무원은 여전히 권력자 눈치를 보는 조선조 불교를 벗어나지 못하고 있다.

부처님 오신 달인 5월이 지나가고 있다.

부처님은 본래 오고감이 없지만[불래불거]

5월은 흘러가고 있기에 보살행은 지금 여기서 생생하게 실천되고 있어야만 하는 것이다.

이제 더 이상 망설이지 말고.

보살 불교를 향한 진일보된 마음이 나설 때이다.

선종과 K-불교

선종(禪宗)의 핵심은 견성(見性)입니다.

그러면서 선종이 불교인 까닭은 구경 목표를 성불(成佛)이라 못을 박고 있기 때문이구요.

우리 불교는 소승불교라 불리던 상좌부불교와 구별하여 대승불교 전통을 이어오고.

그런 대승불교 안에서 선종이 생겼으니, 별생각 없이 선종을 대승불교라 합니다.

대승불교의 기치라 할 수 있는 상구보리와 하화중생 가운데 어느 것이 우선이고 어느 게 후선이다 또는 어느 게 좋고 어느 것이 나쁘다라는 차별적인 구별을 하지 않고 있다면, 대승불교는 둘 다 함께 하는 것이라 하지만 구보리는 자기를 우선하는 소승이요, 화중생이야말로 개인이 아닌 우리를 우선하는 대승이 됩니다.

그리 보면 선종은 소승입니까 아니면 대승입니까?

"입 열면 교가 되고 입 다물면 선이 된다"는 말도 있습니다. 그처럼 교와 선도 둘이 아닌데, 하물며 선종을 소승이다 하는 게 바른 판단인지 생각할 필요가 있습니다.

이판과 사판이라고 하지만 큰 절이라 해도 승려는 이판만 하면 아니되고, 수행을 하더라도 절의 필요와 요구에 따라 사판을 해야만 하는 구조로 되어 있어요. 그런데 요새는 상구보리하는 이판승 보다 하화중생을 열심히 하는 사판 승려들이 상대적으로 늘어나고 있습니다. 대승불교가 자리잡고 있다는 것처럼 보이지만 전체적으로 승려 수가 줄어들고 있으니 잘 새겨 보아야 할 겁니다.

선종은 자기 수행을 중심으로 하는 불교이니 소승적인 불교가 맞습니다. 그러면서 선종은 자기 수행을 우선하는 인도와 동남아시아 상좌부 불교와 구별되는 동아시아 불교가 됩니다.

선종의 특징은 참선 수행을 집중하여 불립문자, 이심전심, 교외별전, 견성성불을 새기고 있는데, 저 넷은 '견성'이란 말을 핵심을 삼고 설명하고 있는 것으로 선종은 간단히 '견성 불교'라고 할 수 있습니다.

그러면 성을 본다는 견성(見性)에서. 성(性)이 무엇인지 알아 보아야겠군요.

우리는 '성(性)' 하면 남성과 여성을 연상하듯 sex[성]를 연상하게 되는데요, 글자는 같지만 뜻은 다릅니다.

견성(見性)에서 '성'은 조선조 유학을 설리학 하듯 그 성과 같은 의미로 인간을 물질인 몸과 정신 둘로 나눌 때 정신의 바탕이라고 하는 것의 이름이요, 인간의 바탕이고, 인간을 너머선 것으로 설명합니다. 그러고 보니 섹스인 성은 몸인 물질과 관련이 있는데, 견성의 성은 물질이 아닌 정신과 연관되며, 정신의 바탕[본성]이라 하고 있습니다.

말이 나왔으니 견성을 중심으로 한 선종의 불립문자 등을 말하면

1. 불립문자(不立文字):

정신의 바탕이 되는 것은 문자 이전이어서 언어로 규정할 수 없으니 불립문자라 하는 것인데 불교 경전은 이미 언어의 집합체이니 불립문자라 함은 경전에는 나오지 않으면서 그 바탕이라는 의미입니다.

그러기에 성철선사께서는 종종 "팔만경이라 하나 그 뜻을 한 글자로 하면 '공'이 됩니다" 하십니다.

그것이 불교라면 『잡아함경』, 『금강경』, 『법화경』 등 모든 경전은 다 일단 접어놓고, 오직 "공, 이게 뭐꼬?"만 닦으면 되지 않습니까?

2. 이심전심(以心傳心):

경전에 나오지 않으니 석가모니부처님이라 해도 언어로 제자에게 전할 수 없어 마음에서 마음으로 전할 수밖에 없다는 겁니다. 석가부처님께서 영산회상에 올라 말없이 좌중을 바라보다 조용히 꽃 한 송이를 들어 올리니 모두는 눈을 동그랗게 뜨고 무슨 말을 하시려나 긴장하며 기다리는데 가섭 존자만이 빙그레 웃으니 그 모습을 본 부처님은 "오로지 가섭 존자만이 뜻을 아는구나" 하셨다는 겁니다.

3.교외별전(敎外別傳):

설하신 것을 담아 논 경전이 아닌 다른 방법으로 부처님 뜻을 전해오고 있다는 것으로 팔만 대장경은 군더더기가 됩니다. 그럼에도 사족처럼 말하면 1990년대 초, 숭산 스님을 접견하는 날, 문을 열고 안에 들어와 스님께 절을 하고 앉으니 "이 누구인가?" 하고 묻습니다. 말을 못 하니 죽비를 바닥을 탁. 치시며 "이 소리는 어디서 나왔는가?" 하고 또 묻습니다. 또 암 말도 못 하니, "그만 나가 보시게" 합니다.

이심전심은 커녕 스님의 뜻을 전혀 이해하지 못한 거지요. 차라리 "5온이 무엇인가?" 하고 물었다면 "5온은 나라고 망상하는 자신입니다" 라고 대답했을 터인데.

4.견성성불(見性成佛):

참선 수행자라면 화두를 스승에게 받아, 그것만을 전부로 알고 행주좌와 어묵동정 곧 24시간 전체를 화두만을 집중하며 수행합니다. 그렇게 몰두하고 또 몰두하여 소위 한 소식이라 불리는 환희심을 지나 밝은 깨침을 얻으면 '성을 보았다[견성]' 하고, 거기서 더 정진해 나아가 보림까지 마치면 마지막 깨침에 이르니 성불했다 합니다.

이렇듯 선종(禪宗)은 인도에서 발생해 아시아 전역으로 전파되어 믿고 공부하여 증득하는 불교 전통 과정 모두를 부정하고 나온 동아시아 불교로 오로지 참선만으로 부처님의 온전한 뜻을 배우고, 그것을 깨쳐 견성을 하고 그것을 제자에게 전한다는 사자전승의 자긍이 반짝이는 불교입니다. 여러분들이 알고 있는지 모르지만 21세기 선종(禪宗)은 세계에서 오로지 대한민국에서만 주류인 불교입니다.

참고로 남아시아에서는 4념처 수행을 중심으로 『니까야』라 불리는 근본경전을 공부하는 상좌부 불교이고, 동아시아에서는 대승경과 참선을 중심으로 하는 대승불교로, 상좌부 불교를 소승불교라 지칭합니다. 세계의 교류가 한 동네처럼 일어나는 현실에서 중국이나 일본 역시 세계화된 불교를 모른 척 할 수 없을겁니다. 그럼에도 중국 불교는 관광 불교로 보이며, 일본은 정토종이라 하는 온갖 일본 토종신과 결합한 염불 불교로 보입니다.

요새처럼 K-문화라 하여 세계에 우리 문화를 소개하고 전할 때 K-불교라 하려면 당연히 화두와 참선을 강조하는 선종을 중심으로 세계화된 불교를 소개해야 할 것입니다.

그 중심에 성철선사가 눈에 선하지 않습니까?

그 꼭지에 조선 말 불교를 증흥시킨 경허선사가 보입니다.

이렇듯 K-불교라 하면. 19세기 말 경허선사 때 증흥하여 지금에 이르는 까지 활동한 참선 선지식들의 언행을 수집 정리하여 지금 여기 있는 스트레스 대신에 맑고 깨끗한 기운이 넘치는 불교, 이것이 K-불교임을 세계에 전하는 명령(?)을 수행해야만 할 것입니다.

하지만 여기에 심각한 문제가 자리하고 있습니다. 석존의 정통을 이어오고 있다는 상좌부 불교는 대승경전을 위경이라 비판하고 있는

데, 하물며 경전을 무시하는 선종을 정통 불교로 인정하겠습니까?

그렇지만 오히려 그런 상좌부의 대승불교 비판의 잘못을 드러내며, 대승불교와 선종이야 말로 바로 석존의 정통을 이어오는 불교라고 할 수 있는 근거가 있습니다.

『화엄경』은 대승경전이고, 그 안에 '일체유심조'가 나옵니다. 선종은 바로 일체유심조인 마음을 관하는 것이 됩니다. 석가세존의 진설인 『잡아함경』안에 '일체를 생기게 하는 12처는 심연생'이라 하셨습니다. '12처가 심연생' 임을 대승불교에서는 '일체유심조' 라고 표현을 약간 바꾼 것으로, 그것은 석존의 핵심을 그대로 전승하고 있는 게 됩니다. 따라서 일체유심조를 가르칠 때 그 근거는 『잡아함경』에 나오는 '12처는 심연생'을 강조하여 가르친다면.. 대승불교는 석가세존의 오리지날 사운드인 『잡아함경』을 근본으로 삼는 게 됩니다. 그것은 석가세존의 정통 가르침을 기반으로 삼고 있는 대승불교인 K-불교가 되는 겁니다.

영산회상에서 수많은 대중 앞에 부처님께서 꽃 한송이를 든 '마음' 이심전심으로 전하는 그 '마음[불성]' 은 무엇입니까?

일체유심조! 하며 바라보는 마음인 '불성'하면 얼마나 매를 맞을까요. 제가 지금도 글을 쓰고 책으로 엮은 이유는 바로 석존 가르침 핵심인 '일체는 심연생인 12처'를 대승불교는 일체유심조로, 선종은 견성성불로 말은 다르지만 뜻은 순연하게 이어오고 있다는 확신 때문입니다.

12처라 쓰고
6근 6경이라 읽는다

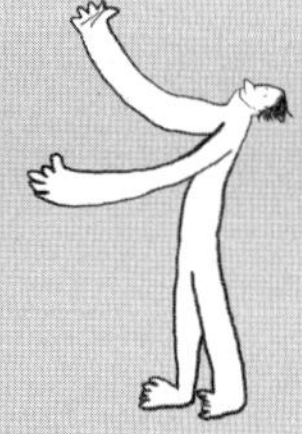

불법의 근본인 12처

『잡아함경』에서 반드시 보고 이해해야 하는 경을 말하라 하면, 이 두 경을 선택하겠다.

__214. 2법경__(二法經)

이와 같이 나는 들었다.

어느 때 부처님께서 사위국 기수급고독원에 계셨다. 그 때 세존께서, 모든 비구들에게 말씀하셨다.

"두 가지 연이 있어 식(識)이 생긴다. 어떤 것이 두 가지인가? 이른바 [안(眼)과 색(色)], [이(耳)와 성(聲)], [비(鼻)와 향(香)], [설(舌)과 미(味)], [신(身)과 촉(觸)], [의(意) 와 법(法)]이니라.

안(眼)과 색(色)을 연하여 안식(眼識)이 생기니, 그것은 무상하고 유위(有爲)이며 마음을 연하여 생긴 것이다[心緣生]. 만일 색과 안과 안식이 무상하고 함이 있으며 마음을 연하여 생긴 것[心緣生]이면, 이 세 가지 법이 화합하는 접촉[觸], 접촉 뒤의 느낌[受], 느낌 뒤의 생각[想],

이러한 모든 법도 다 무상하고 함이 있으며 마음을 연하여 생긴 것이다. 이러한 것들이 이른바 접촉[觸]·생각[想]·의도[思]이다.

이(耳)·비(鼻)·설(舌)·신(身)·의(意)에 있어서도 또한 그와 같으니라."

부처님께서 이 경을 말씀하시자, 모든 비구들은 부처님의 말씀을 듣고 기뻐하며 받들어 행하였다.

319. 일체경(一切經)

이와 같이 나는 들었다. 어느 때 부처님께서 사위국 기수급고독원에 계셨다. 이 때 생문(生聞) 바라문이 부처님 계신 곳으로 찾아와 서로 문안 인사를 나누고, 한쪽에 물러나 앉아서 부처님께 아뢰었다.

"고타마 선생님, 일체(一切)의 근본은 무엇입니까?"

부처님께서 바라문에게 말씀하셨다.

"일체의 근본은 12처(處)로 [안색(眼色)], [이성(耳聲)], [비향(鼻香)], [설미(舌味)], [신촉(身觸)], [의법(意法)]이니, 이것을 일체의 근본이라 합니다. 만일 또 어떤 사람이 '그것은 일체가 아니다. 나는 이제 사문 고타마가 말하는 일체의 근본을 버리고 따로 다른 일체의 근본을 세우겠다'고 말한다면 그것은 다만 말만 있을 뿐이니, 물어도 알지 못하여 그 의혹만 더 커질 것입니다. 왜냐 하면 경계가 아니기 때문입니다." 이 때 생문 바라문은 부처님의 말씀을 듣고 기뻐하며 받들어 행하였다.

12연기법에 드러나는 나, 6처

불교가 세상에 나오게 되는 연유를 생각해 보았는지.

불교를 거닐다 보면 끊임없이 만나는 친구가 인연과 연기라는 친구.

불교를 좋아한다는 건 인연과 연기라는 녀석과 그만큼 친해졌다는 것. 둘은 종종 같은 의미로 쓰일 뿐 아니라 같은 의미로 알고 있는 이들이 더 많을 듯 하다. 그런데 다르다. 그 차이는 12처와 6근6경 만큼이라 하면 이해가 될까?

세상은 인연따라 모였다 흩어지며 흘러간다.

인연이란 말을 생각을 너머 삶에서 체험하면 인연의 묘한 매력에 끌리어 간다. 인드라 망처럼 서로가 서로를 비추며 펼쳐지는 인과 연의 세계는 모든 삶의 애욕이 실타래처럼 얽혀 벌어진다. 그와 같은 인연이기에 인연의 고리에 빠져 연기를 바르게 알지 못하면 결코 윤회하는 세계에서 벗어나지 못한다.

12처를 알려면 인연이 아닌 연기가 어떻게 세상에 나오게 되는지 알아야 한다.

사람은 몸과 정신의 2원적 존재다.

석가 수행자는 당시 정신 수행의 최고 마스터인 우다카 라마풋다 Uddaka Ramaputta의 제자가 되어 최고 마인드 콘트롤 수행자 수준에 이르니 선정에 들어 일체 괴로움이 사라짐을 경험한다. 가족과 카필라 성을 떨치고 나와 처음 얻은 성과에 얼마나 기뻤을까.

그런데 명상에서 깨어나면 다시 실날 같은 괴로움이 생기어 자라는 것이 보인다. 그러면 다시 명상에 들어 정신을 가라앉히고, 깨어나면 다시 번뇌가 생기기를 반복하자. 마인드 콘트롤만으로는 일체 괴로움을 멸할 수 없음을 알았다.

해서 그 이유를 바라보니 정신은 몸과 상호의존하고 있어, 완전한 정신의 평화는 몸이 어떠한 괴로움도 이겨낼 수 있어야 한다는 곳에 생각에 이른다. 이제 정신 수행을 버리고 육체를 괴롭혀 육체의 괴로움을 멸하는 고행을 시작한다. 고행 자체는 어려운 수행으로 고행을 하고 나면 정신 수행했을 때 보다 더 천천히 괴로움이 다시 생기는 것을 보며 기쁨으로 더욱 고행 정진에 몰입한다. 그러나 고행 역시 멈추면 괴로움이 미세하지만 다시 생기는 것은 명상법과 다르지 않으니 더더욱 미세해져 완전히 사라질 때를 기다리며 고행을 멈추지 않았다.

몸과 마음 모두 닦았음에도 불구하고 왜 괴로움이 다시 생기는 것인가.

정녕 살아서는 완전히 괴로움을 멸하는 것은 불가능인가.

그렇게 죽을 고비를 넘겨가며 6년이 되도록 고행을 하니 더 이상 몸을 지탱할 에너지가 남아있지 않음을 느끼지만 고멸은 완전히 되지 않았음을 보고 있다.

그러다 홀연히 '괴로움이 사라지지 않는 것은 일생 동안 몸과 마음의 주인으로 있는 '나'가 있기 때문이 아닌가' 하는 생각이 스치니 '나'는 어떻게 생기는 것인가? 하는 관찰을 깊이 하려 그동안 수행하던 고행림을 떠나 보리수 아래에 자리를 만들어 앉은 후 "여기서도 열반을 이루지 못하면 그대로 죽음에 들리라" 하는 각오를 새기며 사마타로 다시 마음을 맑게 하고, 위빠사나로 '나'를 세밀히 관하기 시작했다.

"식을 인연으로 명색이 생기며, 명색을 인연하여 식이 생긴다. 그렇다면 그 둘은 어디서 생기는 것인가?"를 관찰하기 시작한 것이다. 〈잡. 287. 성읍경〉에 그 장면이 자세히 나온다.

287. 성읍경(城邑經)

그 때 세존께서 여러 비구들에게 말씀하셨다.

"나는 전생에 아직 정각을 이루지 못하였을 때를 기억하고 있다. 그 때 나는 혼자서 어느 고요한 곳에서 골똘히 정밀하게 사마타(禪定)에 들은 후 위빠사나(思惟)를 행하여 이렇게 생하였다."

'어떤 법이 있기 때문에 늙음과 죽음이 있으며, 어떤 법을 연하기

때문에 늙음과 죽음이 있는 것일까?'

곧 바르게 사유하여 '태어남이 있기 때문에 늙음과 죽음이 있고, 태어남을 인연하기 때문에 늙음과 죽음이 있다. 이와 같이 존재(有)·취함(取)·애욕(愛)·느낌(受)·접촉(觸)·6입처(六入處)도 그와 같으며, 명색에 대해서도 어떤 법이 있기 때문에 명색이 있으며, 어떤 법을 인연하기 때문에 명색이 있는 것일까?' 곧 바르게 사유하자 '식이 있기 때문에 명색이 있으며, 식을 인연하기 때문에 명색이 있다'는 사실이 그대로의 빈틈없고 한결같음이 생겼다.

내가 이렇게 사유했을 때, 식을 한계로 돌아오게 되고 그것을 넘어설 수가 없었으니, 이른바 식을 인연하여 명색이 있고, 명색을 인연하여 6입처가 있으며, 6입처를 인연하여 접촉이 있고, 접촉을 인연하여 느낌이 있으며, 느낌을 인연하여 애욕이 있고, 애욕을 인연하여 취함이 있으며, 취함을 인연하여 존재가 있고, 존재를 인연하여 태어남이 있으며, 태어남을 인연하여 늙음·병듦·죽음과 근심·슬픔·번민·괴로움이 있다.

이와 같이 이렇게 하여 순전한 괴로움뿐인 큰 무더기가 모였다. 이때 나는 이렇게 생각하였다.

'어떤 법이 없기 때문에 늙음과 죽음이 없으며, 어떤 법이 소멸하기 때문에 늙음과 죽음이 소멸하는 것일까?'

곧 바르게 사유하여 '태어남이 없기 때문에 늙음과 죽음이 없고, 태어남이 소멸하기 때문에 늙음과 죽음이 소멸한다'고 사실 그대로의 빈틈없고 한결같음을 일으켰다."

이와 같이 태어남 · 존재 · 취함 · 애욕 · 느낌 · 접촉 · 6입처 · 명색 · 식에 대해서도 자세히 말씀하셨다.

(생략)

지금까지 그는 식은 명색을 의존하여, 명색은 식을 의존하여 자란다[식연명색, 명색연식]는 지점에 머물러 있으며 수행을 하고 있었기에 **"내가 이렇게 사유했을 때, 식을 한계로 돌아오게 되고 그것을 넘어설 수가 없었으니, 이른바 식을 인연하여 명색이 있고"**라고 경에서 설하고 있다. 식에 이르면 마치 그것이 끝인듯 반환점처럼 명색으로 돌아갔고, 식과 명색이 있는 한 완전한 고멸을 할 수 없어 6년이란 시간이 흐른 것이다.

그러다 홀연히 이제까지 의심하지 않고 있던 몸[명색]과 정신[식]이 '나'라는 존재에 의심을 하고, 그 '나'는 어떻게 생기는 것인지를 바라보기 시작한 것이다.

그 말은 "내가 사물을 볼 때 나atman는 눈과 하나가 되어 사물을 보고, 내가 소리를 들을 때 나 아트만은 귀와 하나가 되어 소리를 듣는다. 아트만이 없다면 눈이 있어도 보지 못하고, 귀가 있어도 듣지 못한다"고 하는 당시 우파니샤드에서는 가르치는 아트만과 같은 나를 의심하지 않고 받아들이고 있던 석가는 아트만에 대한 의심이 생겼고, 그 의심을 분명히 확인하기 위해 고행림을 벗어나 보리

수 아래에 앉은 것이니 다시 말하면 '명색은 외부에 있고, 식이 일어 나는 자리인 마음은 생명이 있으면 자리하는데, 그 마음이 아트만인 가? 만일 그 마음이 아트만이 아니라면 어떤 일이 생기는가?' 하고 관찰하기 시작했다.

그렇게 관찰해 어떤 결과를 얻었는지에 대해 〈잡. 287. 성읍경〉에 는 이렇게 이어지고 있다.

"나는 다시 이와 같이 생각하였다.

'어떤 법이 없기 때문에 행이 없으며, 어떤 법이 소멸하기 때문 에 행이 소멸하는 것일까?'

곧 바르게 사유하여 '무명이 없기 때문에 행이 없고, 무명이 소멸 하기 때문에 행이 소멸하며, 행이 소멸하기 때문에 식이 소멸하고, 태어남이 소멸하기 때문에 늙음·병듦·죽음과 근심·슬픔·번민·괴로 움이 소멸한다. 이와 같이 이렇게 하여 순전한 괴로움뿐인 큰 무더 기가 소멸한다'고 사실 그대로 빈틈없고 한결같이 하였다."

명상 수행에 이어 6년 고행을 하는 동안은 식을 연해 명색이 생기 면, 그 명색을 연해 식이 생긴다는 식과 명색이 출발점임을 의심하 지 않고 있었는데, 문득 그것에 의심을 품고 더욱 자세히 관찰하니 식은 명색이 아닌 무언가에 의해 일어나는 게 보이지 않는가.

그 무언가는 잘 모르고 있다는 의심이었기에 이름을 '무명'이라 했 다. 하여 마음에 잘 모른다는 무명이 생기면 그것을 알도록 하려는 움직임인 행이 생긴다. 그리고 그 행에 의해 알려고 하는 식이 생기면, 그 식이 알도록 명색이 일어난다. 그러나 〈287경〉에는 생하는 과정 설명이 생략되고 그것들을 멸하는 과정만 기록되었다. 곧 '무명이 멸하면 행이 소멸하고, 행이 소멸하면 식이 소멸, 태어남이 소멸하니 모든 괴로움이 소멸한다고 했다.'는 소멸 과정만 수집정리했다.

식을 일으키는 것의 이름을 어둡다는 뜻인 '무명'이라 한 것은 무명의 결과로 6처인 나가 생기고 괴로움이 생기기 때문으로 어둠에서 벗어나 밝아지면 나가 없음을 알고, 그리되면 괴로움에서 벗어날 수 있기 때문이다.

나와 세계인 12처가 어떻게 생겨 머물고 있고, 그것을 멸하려면 12연기법을 잘 알아야 한다는 이유가 그것이다. 따라서 무명이란 말 속에는 5온의 주인인 아트만같은 것이 존재한다고 알고 있거나 5온의 주인인 자아는 목숨이 끊어지면 사라진다고 알고 있는 것이 된다. 그리되면 아트만[무명]이 식에 들어가 식연명색과 명색연식을 주고받으며 증장하여 윤회를 한다거나 인생은 한 번 뿐이라는 결론에 이르게 된다.

만일 무지에서 벗어나 무아인 안-아트만이 되면, 나라는 의식이 없어 식이 일어나도 괴로움이 쌓일 나가 없다. 그 말은 고의 식이 멸한 것이고, 고인 식이 멸하면 고인 명색이 멸하고, 고인 6처가 멸하고, 내지 고인 생, 노사가 멸해 일체 고가 멸한다.

따라서 석가 수행자는 보리수 아래에서 12연기법 유전문과 환멸문을 따라 일체 괴로움을 멸해 완전한 열반을 이루고 석가 부처님이 되었다. 그 날이 음력으로 12월 8일, 성도절이니 지금도 그 날이 오면 절에서는 성도재일을 기리는 용맹정진 행사를 벌인다.

석가모니께서 성을 떠나 출가한 이후 마인드 컨트롤을 닦아 최고에 이르렀고, 고행을 6년이나 했음에도 고에서 완전히 벗어날 수 없었던 것은 몸과 정신의 주인인 나가 있고, 그 나를 멸한다는 것은 생명을 죽어야만 사라지는 걸로 알고 있었기 때문이다.

그러다 '나'는 존재가 아닌 무명이란 마음에서 생긴 것임을 깨달아 최고의 선정 사마타에 이른 후 그 상태에서 마음에서 생긴 나를 완전히 멸하는 비파사나를 행하니 식과 명색이 멸해 마침내 부처님이 되셨다.

〈287경〉 마지막 부분을 보면.

나는 이 법을 스스로 알고 스스로 깨달아 등정각(等正覺 : 부처님, 세존)을 이루었고, 비구·비구니·우바새·우바이 및 다른 외도의 사문 바라문과 재가 출가자들을 위해 설법하였으며, 그 여러 사부대중(四部大衆)들은 법을 듣고는 바로 따르고 믿고 즐거워하면서 법의 훌륭함을 알았다.

그래서 범행(梵行)이 더하고 넓어져 많은 유익함을 주기 위해 열어 보이고 나타내 드날렸느니라."

부처님께서 이 경을 말씀하시자, 여러 비구들은 부처님의 말씀을 듣고 기뻐하며 받들어 행하였다.

위 경에 나오는 '나'는 행위를 일으키는 주체로서 나가 아니라 행위를 한 자를 지칭하는 나다.

그렇게 생기는 게 나이건만 중생들은 행위하는 주인으로 선험적인 나가 있는 것으로 아는데,

그게 아니라 바로 무명이 있어 '나'가 일어난다는 걸 발견했다. 그러니 무명이 없으면 '나'는 일어나지 않으며 (무명)식도, (무명)명색도 일어나지 않아 (무명) 생노사가 일어나지 않으니 일체 괴로움이 생기지 않는다고 분명히 관찰했다.

『경』을 보면 '무명이 없으면 괴로움이 생기지 않는다'는 명제가 사실인지를 확인하려 자기 자신의 수많은 전생을 바라보고, 주위를 바라보고 미래를 보며 확인하는 것을 일주일 했다고 한다. 하여 틀림없음을 확인하니 그 기쁨이 얼마나 컸을지.. 해서 기쁨에 잠겨 있다가 문득 가운데 모든 중생에게 행복을 누리도록 하겠다고 한 출가한 목적이 떠올라 세상을 동남서북 두루 두루 바라보았지만 이 법을 바르게 이해할 자가 없음이 보인다. 그렇다. 누가 '나'가 없다는 사실을 믿거나 스스로 확인할 수 있겠는가.

기독교인은 내 안에 영혼 혹은 성령이라 하는 자가 있어 죽으면 그것이 천국에 가 영생을 누리길 바란다.

그러기에 그들에게 영혼이란 실체는 없다고 하면, "무엇이 천국에서 영원히 살 수 있느냐?"고 물을 것이다.

우리는 "나는 회사에 간다"고 하는데 회사를 가는 실체인 나 myself, atman는 없다고 하면 이해할까? 못한다. 당장 월급을 받는

자가 내가 아니면 누구란 말인가? 할 것이다.

그 뿐인가, 불교에서는 '악한 일은 피하고 선한 일을 힘써 하라'고 하는데 이때 선이나 악을 행하는 주체인 '나'가 없다면 악행을 피하고 선행을 힘써할 이유가 있느냐고 따질 것이다.

보살이 되어 보살행을 열심히 하면 이 생은 아니더라도 다음 생 아니면 다다음 생에 부처님이 될 것이라고 믿는데, '나'가 없다면 무엇이 있어 부처가 될 것이냐고 물을 것이다.

해서 '나 없음'인 무아를 이해할 자가 없으니 이 자리에서 열반에 들어야겠구나 하는 마음을 내었다.

그러자 천신인 제석천왕과 최고신인 대범천왕이 부처님을 찾아와 열반에 드시지 마시고 법을 설하실걸 세번 씩이나 찾아와 간청하였다. 그 말을 들은 석가 부처님은 다시 세상을 관찰하며, 당신이 법을 설하면 대부분이 잘못 이해하겠으나 그래도 몇 명은 바르게 알아 듣고 당신처럼 부처가 될 싹이 있음을 보고 드디어 법을 세상에 전하시려 자리에서 일어나 법을 설하시니 그것이 〈초전법륜경〉에 나온다.

초전법륜경(S56:11) Dhammacakkappavattana-sutta

이와 같이 나는 들었다. 한때 세존께서는 바라나시에서 이시빠따나의 녹야원에 머무셨다.

거기서 세존께서는 말씀하셨다.

"사문이 가까이하지 않아야 할 두 가지 극단이 있다. 무엇이 둘인 가? 그것은 저열하고 성스럽지 못하고 이익을 주지 못하는 감각적 쾌락에 몰두하는 것과, 괴롭고 성스럽지 못하고 이익을 주지 못하는 고행에 몰두하는 것이다. 사문이여, 이러한 두 가지 극단을 의지하지 않고 여래는 중도(中道)를 완전하게 깨달았나니 [이 중도는] 안목을 만들고 지혜를 만들며, 고요함과 최상의 지혜와 바른 깨달음과 열반 으로 인도한다."

당시나 지금이나 사람들의 삶은 크게 세 가지로 하나는 나의 삶은 일회일 뿐이라는 단멸론에 빠져 미래에 대한 두려움 없이 막장극에 나오는 인물들처럼 멋대로 살거나, 또 하나는 나는 죽어서 천국이나 극락에 갈 것이라 믿으며 자기 종교적인 삶만 추구하는 자들이 있 고, 또 다른 하나는 수행자가 아닌 일반인의 삶의 모습으로 나는 잘 모르겠으니 친구 따라 강남 가듯 여기 기웃 저기 기웃 왔다 갔다 하 며 사는 자들로 『경』에는 언급하지 않고 있는 자들이다.

여러분은 어떤 삶을 선택하고 있는지. 12연기법의 유전문 무명에 서 유에 이르는 과정은 나가 어떻게 생기는지 보여주는 게 된다.

나가 생기는 과정은 무명에서 시작하는 12연기 이지만, 핵심은 명 색을 연해 생기는 6처를 나로 알며, 그 6처는 마음이 아닌 부모의 수수작용으로 세상에 태어나는 것으로 아는 무지 때문이다.

일어나는 법은 곧 소멸하는 법이다

혹 이와 같은 말을 들은 적이 있을까.

"석가 부처님은 12연기를 발견하시고 12연기법을 통해 부처님을 이루시고, 제자들에게는 4성제를 가르치셨고, 4성제를 통해 제자들은 아라한에 이른다."

우리는 부처님 제자라고 한다. 제자인 우리에게 가장 중요한 것은 무엇일까. 두말할 필요 없이 4성제.

4성제는 불교를 간략하면서 분명히 보여주며 멸성제에 이르는 도성제인 8정도를 바르게 익히면 아라한에 이를 수 있으므로.

하여 부처님은 제자들에게 먼저 4성제를 가르쳤다. 그런 가운데 뛰어난 제자들은 궁금했다. 스승은 어떻게 4성제를 발견하고 가르칠 수 있었는지에 대해. 그런 의문을 갖고 있는 제자들에게 가르친 게 12연기법이다. 4성제를 통해 불법을 분명히 이해하고 실천으로 증명할 정도가 되면 알았으면 12연기법을 바르게 이해할 수 있기에.

그리고 수행은 5온과 12처 관찰이 기본이고, 5온 관찰한 힘으로 먼저 4성제를 그리고 12연법을 관찰해야한다. 12연기법은 불법의 기본이요 핵심으로 부처님이 된 법이고, 4성제는 부처님이 제자들에게 가르친 불법의 실천법이다.

4성제 설법을 들은 꼰단냐가 "멸제가 곧 집제군요!" 하는 깨달음이 일어났다고 하는데 그때 그는 4성제에 대한 깊은 이해인 깨달음이 생긴 것이지 몸 실천을 통한 깨침이 생긴 게 아니다.

요새처럼 컴퓨터에 세상 정보가 모두 담겨 있는 시대가 아닌 과거에, 수행이 적은 일반인이 12연기법을 바르게 깊이 이해하기란 하늘의 별따기와 다를 바 없었다. 그러나 손바닥만한 컴 안에 모든 정보가 담겨 있어 언제든 꺼내볼 수 있는 지금은 수행을 깊이 하지 않아도 4성제와 12연기법을 이해할 수 있게 되었다. 단 이해할 뿐이지 소화하지는 못한다. 소화는 탐욕을 줄이는 선행과 몸으로 받아들 일 수 있는 수행이 있어야만 하기에.

무명에서 시작해 생노사로 끝나며 모든 번뇌와 괴로움이 생긴다는 12연기법은 두 개의 문이 있다.

하나는 무명에서 시작하는 문이요, 다른 하나는 무명을 멸하고 시작하는 문이 그것이다.

무명에서 시작하는 것을 유전문, 생사문이라 하여 우리가 사는 삶의 현장이며, 생사 윤회하는 세계가 된다. 과거에서 현재에 이르기까지 근본 불교를 제외한 모두 종교 심지어 과학도 유전문 세계 안에서 존재한다. 천국과 지옥, 극락까지도 모두 유전문 세계에 존재한다.

다른 하나는 무무명 또는 무명멸에서 시작해 생노사를 멸해 일체 괴로움에서 벗어난다는 가르침인 환멸문이 있다. 환멸문은 불교의 핵심이라 할 수 있으니 석가세존이 처음으로 세상에 보여준 세계가 된다. 석가세존은 12연기의 환멸문을 4성제의 멸제로 만들어 다섯 사문에게 처음으로 설했다.

12연기법의 유전문 설명으로 3세양중인과설이 있다.

부처님이 나오기 전까지 윤회설은 인도인의 주류 사상이지만 전생에서 현생, 현생에서 내생으로 인과법에 따라 윤회한다고 주장할 뿐, 어떻게 윤회가 되는지는 무지개를 빨강 노랑 파랑 세가지 빛깔로만 설명한 것처럼 모두가 만족하지 못하고 있었다. 그런 상황에 12연기법의 유전문을 약간 수정한 3세양중인과설[줄여 3세설]을 전하니 인도 사회는 발칵 뒤집힐 수 밖에 없었고 단박에 불교가 인도 주류 종교가 되는데 한 몫을 단단히 했다.

그러나 남 아시아와 다른 동 아시아의 환경은 불교가 국교가 되어도 윤회에 대한 믿음은 남 아시아인처럼 굳건하지 않았다.

12연기로 돌아와 3세설로 윤회를 완벽하게 설명할 수 있게 되자 3세설에 대한 믿음과 자부가 커지고 그것은 마치 3세설이 12연기법 핵심이요, 전부로 이해하게 된다. 그런 현상은 세존이 가르치려는 핵심인 윤회를 벗어나는 법인 환멸문이 설 자리가 점점 좁아지게 된다.

12연기법의 핵심은 유전문 세계에서 벗어나 환멸문으로 들어가야 한다는 것을 보여주는 것인데..

현실은 윤회하는 유전문 세계를 설명하는 법으로 12연기법이 사용되고 지금 여기서 열반을 이룬 분은 오로지 석가모니 부처님 뿐! 이라는 주장에 이르게 된다.

『초전법륜경』 마지막 부분에 4성제 법문을 듣고 다섯 사문 가운데 꼰단냐가 깨달으니 그는 4성제의 '집제가 곧 멸제'라고 감탄한다.

그것을 『초전법륜경』에서는 '일어나는 법은 그 무엇이건 모두 소멸하기 마련인 법이다[集法卽滅法].'라고 하였다. 그리고 해석하길, '태어난 것으로 모두 죽는다' 또는 '태어남은 한조각 구름이 일어남이요, 죽음은 한 조각 구름이 사라짐이라' 하는 말과도 통하는 것으로 본다.

마치 인생은 천년 만년 살것처럼 살고 있거나 죽음에 대한 공포에서 헤어나오지 못하는 우리에게 생과 사는 하늘과 땅처럼 큰 차이가 아니라는 구름이 생겼다가 사라지는 것처럼 사소한 차이라는깨달음 성취는 결코 작은 게 아니다. 누구나 부러워할 만큼 커다란 성취다. 그런데 그 정도 성취는 불교를 모르더라도 얼마든지 깨달을 수 있는 경지가 아닌가. 지금까지 우리가 성현이라 부르며 존경하는 분들은 그 정도는 깨닫고 있지 않을까. 꼰단냐가 그 정도 법을 깨달았기에 석가모니 부처님은 기뻐하며 지혜를 성취한 꼰단냐[안냐꼰단냐]라고 불렀을까.

아니다. 꼰단냐의 깨달음은 집제가 곧 멸제이군요! 하듯.

"유전문과 환멸문은 (마음에서 일어난 것으로) 다른 게 아니니, 유전문과 환멸문은 결국 (마음으로) 둘이 아니군요!" 하는 깨달음으로 불이법인 삶이 곧 죽음이요, 중생이 곧 부처님이다 하는 집법즉멸법(集法卽滅法)이다. '태어난 것은 모두 죽는다'는 생주이멸하는 시간적 변화의 문장과 '삶이 곧 죽음이다'라고 동시적 동일성 문장의 차이가 보이는지..

유전문은 생문이라 하고, 환멸문은 멸문이라 하는 데 어떻게 생이 곧 멸이라 할 수 있을까.

굉장하지 않은가. 4성제는 고집과 고집멸로 나누어 고집의 세계에서 고집멸로 나아가는 것이라 하는데, 어떻게 고집이 고집멸과 같다고 할 수 있는가.

더군다나 그 말을 듣고 부처님은 기뻐서 꼰단냐가 나와 같은 깨달음을 얻었구나 안냐콘단냐다 라고 하시다니.

왜 그리 기뻐하실까?

그거야 당신 말을 듣고 이해하고 깨닫는 자가 나왔다는 사실을 확인되었기에 기뻐하는 것이겠으나, 그 내용이 기가 막히지 않는가. 고집[집제]이 곧 고집멸[멸제]이라니. 그 답을 찾으려면 앞에서 언급한 〈잡. 214경〉을 보고 잘 이해해야만 한다. 하여 한번 더 옮기면,

214. 이법경(二法經)

"두 가지 인연이 있어서 식(識)이 생긴다. 어떤 것이 두 가지인가? 이른바 [안(眼)과 색(色)], [이(耳)와 성(聲)], [비(鼻)와 향(香)], [설(舌)과 미(味)], [신(身)과 촉(觸)], [의(意)와 법(法)]이니라. 안(眼)과 색(色)을 인연하여 안식(眼識)이 생기나니, 그것은 무상하고 유위(有爲)이며 마음을 연하여 생긴 것이다[心緣生].

만일 색과 안과 식이 무상하고 함이 있으며 마음을 연하여 생긴 것[心緣生]이라면, 이 세 가지 법이 화합하는 접촉[觸], 접촉 뒤의 느낌[受], 느낌 뒤의 생각[想], 이러한 모든 법도 다 무상하고 함이 있으며 마음을 연하여 생긴 것이다.

이러한 것들이 이른바 접촉[觸]·생각[想]·의도[思]이다.

이(耳)·비(鼻)·설(舌)·신(身)·의(意)에 있어서도 또한 그와 같으니라." 부처님께서 이 경을 말씀하시자, 모든 비구들은 부처님의 말씀을 듣고 기뻐하며 받들어 행하였다.

차분히 깊이 음미하시고 다음 시간에 12처에 대해 생각한 바를 말하도록 합니다.

창조설과 원소설 그리고 인연설

지난 시간에 〈214경〉을 깊이 생각해 보자고 했는데, 그전에 〈잡. 319. 일체경〉을 보면

"고타마 선생님, 일체(一切)의 근본은 무엇입니까?"부처님께서 바라문에게 말씀하셨다.

"일체의 근본은 12처(處)로 [안색(眼色)], [이성(耳聲)], [비향(鼻香)], [설미(舌味)], [신촉(身觸)], [의법(意法)]이니, 이것을 일체의 근본이라 합니다.

만일 또 어떤 사람이 '그것은 일체가 아니다. 나는 이제 사문 고타마가 말하는 일체의 근본을 버리고 따로 다른 일체의 근본을 세우겠다고 말한다면 그것은 다만 말만 있을 뿐이니, 물어도 알지 못하여 그 의혹만 더 커질 것입니다. 왜냐 하면 경계가 아니기 때문입니다."

시중에 나와있는 〈319. 일체경〉에 대한 특히 상좌부를 공부한 학인들의 해설은 감각기관이 감각작용을 하고 있는 진행형으로 6근과 6경과 다른 게 아닌 것으로 설명한다.

이어서 일체를 주체인 안이비설신의 6근과 대상인 색성향미촉법 6경으로 해체하여 설명한다. 그리고 그 둘을 합하면 나와 세계 이며, 그것은 일체라고 설명한다.

그와 같은 해체설은 현대 과학이 설명하는 일체와 부합한다. 그런데 과연 그렇게 설명하는 게 석가세존이 12처를 제자들에게 전하려는 의도였을까?

다른 이들은 동의할지라도 나에게는 "일체를 12가지로 해체한 것"이라고 설명하는 것은 앞니 빠진 증강새처럼 부족하게만 보인다. 이유는

첫째, 〈319경〉에서는 12처를 (안과 색), (이와 성), (비와 향), (설과 미), (신과 촉), (의와 법)이라 하여 2법6쌍으로 분명히 설명하고 있는데 어째서 그것을 주체인 안이비설신의와 대상인 색성향미촉법으로 나누어 6근 6경이라고 읽고 있는가.

둘째, 근(indriya)이란 언어는 우파니샤드를 비롯해 당시 지식인들이 사용하고 있던 것인데.

상좌부에서 설명하듯 6처는 6근과 같은 뜻이라면 처(āyatana)라는 생소한 언어를 세존께서 굳이 만들어 사용할 필요가 있었을까.

셋째, 6경은 6외처와 같다는 것으로 과연 경과 외처는 같은 뜻인

가. 결론은 안이비설신의 6근[인드리야]나 색성향미촉법 6경[비사야]이란 말을 이미 사용하고 있었는데, 석가세존은 2법6쌍인 12처를 새로 만들어 사용해야할 만큼 분명히 다르다.

양보해 12처를 각각이 아닌 2법6쌍으로 해체했다고 하면 세상에 있는 보이는 일체는 보는 것[안]과 보이는 것[색]으로 되어 있다는 것으로 보는 나(주체)와 보이는 세계(대상)로 분별된다는 것이다. 그렇게 해체해 관찰하는 것이 말은 신선하지만 세상을 유물론적으로 또는 과학적으로 설명하는 것과 무엇이 다른가.

이천 오백 년 전은 그렇다치더라도 현대에 이르면 과학 세기라 하듯 해체의 정점에 이르고 있다.

일체를 해체해 관찰하는 게 석가세존의 뜻이라면 현대는 불교보다 과학이 더 석가세존의 뜻에 가까운게 아닌지.

시중에 전하는 〈319. 일체경〉은

"고타마 선생님, 일체(一切)는 무엇입니까?"부처님께서 바라문에게 말씀하셨다.

"일체는 12처(處)에 포섭되는 것으로 [안색(眼色)], [이성(耳聲)], [비향(鼻香)], [설미(舌味)], [신촉(身觸)], [의법(意法)]이니, 이것을 일체라 합니다."

로 되어 있다. 그것을 여기서는 세존의 뜻을 분명히 하기 위해,

"고타마 선생님, 일체(一切)의 근본은 무엇입니까?" 부처님께서 바라문에게 말씀하셨다.

"일체의 근본은 12처(處)로 [안색(眼色)], [이성(耳聲)], [비향(鼻香)], [설미(舌味)], [신촉(身觸)], [의법(意法)]이니, 이것을 일체의 근본이라 합니다."

라고 하여 '일체'라는 부분을 '일체의 근본'이라 했다.

그 이유는 〈319경〉에 나오는 일체가 무엇이냐고 묻는 바라문의 질문 의도는 삼라만상인 일체가 무엇이냐는 세살먹은 아이가 질문하듯 막연한 질문이 아니라고 보기 때문이다.

지금도 "일체가 무엇입니까?" 하고 물으면 질물의 뜻을 일체의 근본이 무엇이냐고 묻는 것으로 알아, 창조주를 믿는 종교인들은 일체의 근본은 신이라 할 것이고, 과학을 믿는 자들은 일체의 근본으로 100여 개 근본 원소를 답할 것이다.

마찬가지로 일체가 무엇이냐고 세존에게 찾아와서 질문하는 불자가 아닌 바라문의 의도는 당시 인도에서 전통적인 일체 설명은 브라흐마 신이 변해서 되었다는 전변설이 주류였는데, 그에 대해 안티로 나온 신흥 사상인 유물론에 의하면 일체는 원소들의 결합과 화합으로 만들어졌다 하여 신의 전변설이나 신의 창조설을 부정하는 원소설이 나와 혼란을 주고 있었다.

그런 마당에 석가세존은 그들과 다른 주장을 한다고 들었기에 그것을 확인하고자 찾아와 "일체는 무엇이냐?"고 질문하는 것이다. 그러니 세존의 답은 일체를 만드는 근본은 전변설이나 원소설이 아닌 다른 것임을 분명히 바라문에게 답해야만 하는 상황이 아닌가.

석가세존은 신을 창조주로 믿는 종교가 아닌 자연과 인간이 중심인 유물론 입장에서 세상에 나온 종교다. 그럼에도 불구하고 과학인 당시 유물론과 분명히 다른 점이 있으니 그게 무엇인가?

일체의 근본은 무엇이라고 묻는 질문에 세존은 **"일체의 근본은 12처(處)로 [안색(眼色)], [이성(耳聲)], [비향(鼻香)], [설미(舌味)], [신촉(身觸)], [의법(意法)]"**이라고 대답했다.

그러니까 그 뜻은 일체는 2법6쌍인 12처에 의해 만들어지는 것이니.

보이는 일체는 안처와 색처에 의해,

들리는 일체는 이처와 성처에 의해,

냄새 일체는 비처와 향처에 의해,

맛 일체는 설처와 미처에 의해,

촉 일체는 신처와 촉처에 의해,

인식 일체는 의처와 법처에 의해 생긴다고 하고 있다.

이 대답이 전변설이나 원소설과 무엇이 다른가?

그것을 알기 위해 부처님 당시 전변설과 원소설을 조금 더 살펴보면, 신 중심 세계였던 고대 사회는 당연히 신이 일체를 창조했다는 창조설이나 전변설이 당연한 진리처럼 받아들여진 시대다.

그러다 BC 8세기 이후 세계는 신 중심에서 인간 중심으로 변하게 된다. 자연인 세계는 신이 창조한 게 아니라 자연 스스로 그렇게 만들며 흘러왔다는 것으로 인간 역시 자연의 일부라는 것.

그러나 신이 아닌 자연 스스로 세계의 기원이 된다는 내용의 책인

다윈의 〈종의 기원〉이 1859년에 출판되었음을 알면 그 전에 과연 유물론을 얼마나 많은 사람들이 의심없이 받아들이고 있었을까?

BC 6세기 전후 지중해를 중심으로 출발한 자연철학자들은 최초로 세계가 출발된 하나를 찾는 작업을 했다. 그들의 목소리를 정리하니 하나가 아닌 최소한 넷은 있어야 한다고 하여 만물이 생기게 하는 기본적인 것은 지[고체], 수[액체], 풍[기체], 화[열] 4대 원소가 기본이라고 주장했다.

현대는 118개 원소(2015년 기준)가 있음을 발견하고 있다.

그들의 주장의 핵심은 4대이거나 118개 원소의 결합과 화합 작용으로 일체가 만들어졌다는 것은 신이 개입할 틈이 없다는 것이다.

하지만 21세기인 지금도 보다시피 신 중심 사고의 종교와 과학이라 불리는 인간 중심 사고가 갈등하는 가운데 21세기는 과학 세기라 하듯 과학이 우세를 점하고 있지만 신 중심을 따르는 자들의 힘도 만만하지 않다.

그러기에 일체의 근본을 어떻게 보는가 하는 것은 불교가 어떤 바탕을 취하고 있는지를 볼 수 있는 시금석이 아닐 수 없고, 〈319경〉은 그 해답을 주고 있는 아주 의미있는 중요한 경인 것이다.

반복하지만 세존의 가르침은 신 중심이 아닌 인간 중심으로 과학과 통한다. 그러나 불교는 과학을 넘어선다. 그렇게 단언할 수 있는 근거는 신 중심이든 인간 중심이든 그 둘 주장은 공통점이 있다. 그들은 보이는 것을 보며 일체는 창조된 것이라고 주장하거나, 보이는 것을 보며 원소들이 화합한 것이라고 주장하는 게 그것이다.

그 둘은 모두 보고 있는 자 '나'는 의심없이 존재하는 것으로 인정하면서, 그런 나에게 대상은 선험적으로 둘은 섞이지 않는 독립된 존재를 의심하지 않고 있다. 하여 그들은 일체는 주체인 나와 대상인 세계의 합이라고 한다.

17세기에 활동한 르네 데카르트(1596-1650)의 "나는 생각한다, 고로 존재한다"인 "cogito, ergo sum" 인 "I think, therefore I am"은 나와 대상인 세계 둘을 분명히 표현하고 있는 문장이다.

이렇듯 주체인 나가 있고, 대상에 해당하는 일체인 세계가 있어 주체가 접촉하는 세계가 있다는 전제가 창조설[전변설]과 원소설의 공통점이다. 그것을 석가세존은 외부에 존재하는 세계가 아닌 인식된 존재 세계 곧 '법 세계'라 했다.

〈319. 일체경〉을 설명하면.

일체에서 보이는 일체는 보는 자[안처]와 보이는 것[색처]이 만나 생긴다. 그러니 보이는 일체의 근본은 안처와 색처다.

간단히 창조설이나 원소설은 대상인 세계만 염두에 일체라고 하는데 반해 세존은 주체인 6처[6내입처]와 대상인 6처[6외입처]의 만남인 2법 6쌍을 일체의 근본으로 세우고 있다. 12처설은 현대 양자론과 비슷하지만 양자역학은 내가 관찰 대상에 영향을 미치는 정도이지만 12처설은 주체와 대상이 동등하게 만난다.

무슨 말인가.

17세기 활동한 데카르트 조차 의심없이 받아들이고 있는 독립적으로 존재로 간주하고 있는 주체인 ‘나’라 하는 자는 12처인 근본에 의해 생기는 것이 된다.

“일체는 12처(處)로 [안색(眼色)], [이성(耳聲)], [비향(鼻香)], [설미(舌味)], [신촉(身觸)], [의법(意法)]이다.”

원소설이나 과학과 차이가 보이는지. 더 나아가 보는 자[안처]와 보이는 것[색처]에 의해 보이는 일체가 만들어진 일체를 ‘존재 세계’라 하지 않고 ‘법 세계’라 하면서, 우리는 존재 세계에 사는 게 아니라 법 세계에 산다고 가르친 것이다.

이렇게 설명이 되려면 2법 6쌍인 12처는 존재의 근본이라 할 수 있는 6근과 6경과는 아주 다른 지점에 있다.

그와 같이 설명하면 상좌부 학인들은 세존은 존재론을 거부한 인식론자냐고 반문할 수 있다.

인식론이란 접촉되는 사물에 관계없이 순수한 이치를 정립하고 그것을 논리적으로 살펴 결론에 이르는 학문을 일컫는다.

그러나 세존은 당신이 경험하고 체험한 것을 깊이 관찰하고 비논리나 우연 또는 신비가 아닌 세상이 다 아는 이치로 설하셨다.

‘보는 자와 보이는 것에 의해 보는 일체가 생긴다’는 말을 보면서 세존은 인식론자라고 할 수 있는지.

그렇기에 〈319. 일체경〉을 본래적인 의미로 설명하면.

"일체란 곧 12처(處)에 의해 생기는 것이니,

[안(眼)과 색(色)], [이(耳)와 성(聲)], [비(鼻)와 향(香)], [설(舌)과 미(味)], [신(身)과 촉(觸)], [의(意)와 법(法)]으로, 이것을 일체의 근본이라고 합니다." 라고 할 수 있다. 그러기에 불교는 인식론이면서 존재론으로, 순 인식론이 아니고 순 존재론이 아니다.

조금 더 설명해 보면..

일체 소리는 듣는 자[이처]와 소리[성처]에 의해 생긴다.

지금 허공에는 헤아릴 수 없을 만큼 많은 소리들이 자기 주파수를 갖고 떠 다니고 있다. 그 주파수의 소리는 서로 공명할 수 있는 수신자가 있으면 소리로 생겨난다. 공명하는 자와 만나지 못한 주파수는 있는 것도 없는 것도 아니다.

꽃이란 인식은 색처와 안처가 만나면 비로소 생겨, 이름을 갖게되면 꽃[법]이라 불린다.

여기서 안처와 꽃이라 이름 지어지기 전을 색처라 하여 연이라 하니. 일체 꽃은 안처와 색처인 연이 만나 생기는 것으로 인식이 생기기 전에는 무명이듯 없는 것은 아니나 있다고 할 수 없다.

아마도 2법 6쌍인 12처와 6근 6경의 차이가 아직도 알쏭달쏭할 것 같다.

존재와 법에 대한 혼란

『잡아함경』을 보면 안이비설신의 라고 할 뿐 6내처인 안이비설신의 또는 6근인 안이비설신의라고 구분하여 기록한 것이 매우 드물다. 하여 6처인지 6근인지 헷갈릴 수 있지만 조금만 깊이 생각해 보면 6처인지 6근인지 분명히 알 수 있다.

그렇게 수집 정리된 이유는 구전으로 전승되어 5백년 정도 지나면서 6처와 6근을 같은 것으로 이해하는 경향이 심해졌기에 둘을 구분하지 않고 수집 정리한 것이 아닌가 한다.

그러면 12처와 6근 6경을 무엇으로 구분하는가?

처는 법이라 하고, 근경은 존재라고 하여 법과 존재로 구분한다.

존재란 부처님이 나오기 전 부터 일상에서 사용하고 있던 언어로 지금도 같은 의미로 사용하고 있다. 존재란 질량이 있고, 독립적으로 있으면서 무상하게 변한다. 형이상학적인 것은 질량이 없지만 우리가 부정할 수 없는 것은 존재로 인정한다. 시간이나 공간, 생명,

생각 더 나아가 사랑, 희망, 가치, 도덕 등이 이에 해당한다.

존재 세계는 우리에게 너무 익숙한 세계다. "나는 당신을 사랑합니다" 하는 것은 나라는 주체인 존재가 대상인 당신이란 존재를 어떻게 생각하는 지를 보여주는 문장이다. 여기서 나, 당신, 사랑은 독립적인 물질이나 형이상학적인 존재가 된다.

"일체는 나와 세계의 합이다"라고 할 때 나와 세계는 독립적인 존재이며 그 둘의 합은 일체 존재가 된다.

법은 간단히 말하면 마음이 뇌 작용을 통해 인식하는 세계에서 하나 하나 또는 전부를 지칭하는 언어다. 앞에서 보았듯이 "일체는 2법 6쌍인 12처에 의해 생긴다"고 할 때 일체는 보는 자등 6내처가 6외처와 접촉해 인식된 일체로 우리가 알듯이 외부에 존재하는 게 아니다. 그 일체와 일체를 만드는 원소 같은 역할을 하는 12처인 2법 6쌍을 법이라 한다.

이렇듯 법과 존재의 의미를 분명히 구별하여 이해하면서 『잡아함경』을 보면 바른 이해가 생긴다. 일체를 생기에 하는 근본이 존재 6근 6경이 아닌 12처 마음인 법이라는 것은 어떻게 아는가.

214. 2법경(二法經)

이와 같이 나는 들었다.

어느 때 부처님께서 사위국 기수급고독원에 계셨다.

그 때 세존께서, 모든 비구들에게 말씀하셨다.

"두 가지 연이 있어 식(識)이 생긴다. 어떤 것이 두 가지인가? 이른 바 [안(眼)과 색(色)], [이(耳)와 성(聲)], [비(鼻)와 향(香)], [설(舌)과 미(味)], [신(身)과 촉(觸)], [의(意)와 법(法)]이니라.

안(眼)과 색(色)을 연하여 안식(眼識)이 생기니,

그것은 무상하고 유위(有爲)이며 마음을 연하여 생긴 것이다[心緣生]. 만일 색과 안과 안식이 무상하고 함이 있으며 마음을 연하여 생긴 것[心緣生]이면, 이 세 가지 법이 화합하는 접촉[觸], 접촉 뒤의 느낌[受], 느낌 뒤의 생각[想], 이러한 모든 법도 다 무상하고 함이 있으며 마음을 연하여 생긴 것이다.

이러한 것들이 이른바 접촉[觸]·생각[想]·의도[思]이다.

이(耳)·비(鼻)·설(舌)·신(身)·의(意)에 있어서도 또한 그와 같으니라." 부처님께서 이 경을 말씀하시자, 모든 비구들은 부처님의 말씀을 듣고 기뻐하며 받들어 행하였다.

『대승경』을 보면 『반야심경』은 아주 짧은 경이고, 『금강경』은 그나마 짧은 경이며 보통 『법화경』이나 『화엄경』처럼 길다. 그러나 『잡아함경』안에는 『반야심경』보다도 짧은 경이 수두룩 하다. 그럼에도 각각의 경 하나 하나로 불교 전체를 이해하는 게 가능하다. 위에 올려논 〈잡, 214경〉 역시 얼마나 짧은가.

〈214경〉에서 12처는 존재가 아닌 마음을 연해 생긴 심연생(心緣生)이라고 하고 있다. 12처가 심연생이라면 그로 인해 생기는 18계

그리고 5온 역시 마음을 연해 생긴게 아닌가. 그 말은 우리가 존재로 알고 있는 '일체는 5온'에서 일체는 모두 마음을 연해 생긴 것이라 하고 계신다.

세존은 멸진정이라는 사마타 최절정에 이른 후 비파사나를 통해 12처가 마음에 생긴 것을 분명히 관찰하고, 마음에 일어난 12처를 멸해 부처님이 되었다고 했다.

불교를 과학이라 하는데, 현대 과학에서 12처는 6근6경 존재로 보고 둘의 감촉이 뇌에 전달되어 인식이 일어나는 것을 의심하지 않지만, 2600여 년 전 세존께서는 3사화합이라 하여 마음에 생긴 것으로 관했다.

그 내용을 〈214경〉에서 살펴보면,

1. 만일 색과 안과 안식이 무상하고 함이 있으며 마음을 연하여 생긴 것[心緣生]이면,

2. 이 세 가지 법이 화합하는 접촉[觸], 접촉 뒤의 느낌[受], 느낌 뒤의 생각[想], 이러한 모든 법도 다 무상하고 함이 있으며 마음을 연하여 생긴 것이다.

이러한 것들이 이른바 접촉[觸]·생각[想]·의도[思]이다.

에서 1은 12처가 18계로 변하여 접촉할 수 있는 상태가 되었음 설하는 것이고, 2는 18계가 되어 셋이 접촉하니, 새로운 식이 생길 뿐 아니라 18계로 접촉하는 것을 존재로 인식한다. 곧 마음에서 일어난 안처와 색처와 과거 경험인 안식을 안근이 색처를 만나 경험이 일어나 그 셋이 접촉하여 새로운 안식이 생기는 것으로 이해하는 것이다. 그러기에 존재로 아는 18계로 인해 생긴 5온을 존재로 인식하여 내가 외부에 있는 사물을 접촉한다고 자연스럽게 받아들인다.

그러나 당시 인도인은 물론 현재 양자역학을 공부하는 자까지도 12처를 6근6경 존재로 보고, 3사화합은 뇌에서 생기는 것으로 이해하니 일체는 존재로 알 뿐이다. 『잡아함경』을 수집정리한 상좌부에서도 12처를 존재로 보았기에 6근6경과 같은 것으로 취급하고 있다.

이렇듯 12처를 마음에서 생긴 법으로 6근6경은 존재로 알면, 12처를 존재로 주장하는 상좌부인 설일체유부에서 전하는 『잡아함경』 속에 12처를 심연생이라고 설하는 내용이 전해지고 있다는 게 기적처럼 보인다. 『잡아함경』 안에는 12처는 존재처럼 설하는 내용도 있다. 〈322. 안내입처경〉을 보면

"세존이시여, 세존께서 말씀하신 것과 같다면 눈은 곧 내입처(內入處)입니다. 세존께서는 이렇게 간략히 말씀하시고 자세히 분별하지 않으셨습니다. 왜 눈이 내입처입니까"

부처님께서 비구에게 말씀하셨다.

"눈은 내입처로서 4대(大)로 이루어진 것인데, 깨끗한 색(色)이어서 볼 수는 없으나 상대가 있는 것이니라.

귀·코·혀·몸의 내입처도 또한 그와 같으니라."

다시 부처님께 아뢰었다.

"세존이시여, 세존께서 말씀하시기를 뜻[意]은 내입처라고 하시고, 자세히 분별하시지 않으셨습니다. 왜 뜻[意]을 내입처라고 합니까?"

부처님께서 비구에게 말씀하셨다.

"뜻을 내입처라고 한 것은 마음[心]이나 뜻[意]이나 식(識)은 색(色)이 아니어서 볼 수도 없고 상대도 없는 것이니, 이것을 뜻의 내입처라고 하느니라."

다시 물었다.

"세존께서 말씀하시기를 빛깔은 외입처(外入處)라고 하셨습니다. 세존께서는 이렇게 간략히 말씀하시고 자세히 분별해주시지 않으셨습니다. 세존이시여, 왜 색이 외입처입니까?"

부처님께서 비구에게 말씀하셨다.

"색을 외입처라고 한 것은 색은 4대로 된 것으로써 볼 수도 있고 상대도 있는 것이다. 따라서 색을 외입처라고 하느니라."

또 부처님께 여쭈었다.

"세존께서는 소리를 외입처라고 하시고 자세히 분별해주시지 않으셨습니다. 왜 소리가 외입처입니까?"

라고 하여 의입처와 법입처를 제외한 10처는 지수화풍 물질인 4대 원소가 결합하고 화합하여 있는 물질인 존재로 설하고 있다.

눈 밝은 이라면 의(意)의 상대인 법(法)은 색성향미촉(色聲香味觸)을 모아논 것이라 할 수 있는데 왜 물질이 아닌지 의심이 일어날 것이다. 아무튼 『잡아함경』 안에는 12처를 법으로 설하는 것과 존재로 설하는 게 섞여 있어 우리를 여전히 혼란에 빠뜨린다.

그런데 『잡아함경』을 보고 12처 법을 이해하고 나서 나는 변화가 생겼다. 나는 사물인 색을 볼 때 존재로 보지만 아주 가끔 마음에서 생긴 법으로 본다.

내 삶 순간순간이 그냥 자연스럽게 12처인 법과 6근6경인 존재가 섞여있다. 묘하게 『잡아함경』이 순일하지 않은 건 상대 수준에 맞추어 설하신 대기설법을 한 곳에 묶어 놓았기 때문이었으리라.

가끔 이런 생각을 해 본다. 유치원생이라 할 수 있는 불교 초심자에게 12처는 일반인이 알고 있듯이 6근6경과 같은 존재로 설명하고, 중간 정도 수준에 오른 자에게는 쉽지 않지만 〈잡. 214경〉에서 나오듯 마음인 법이 어떻게 존재화가 일어나는 지를 보여주고, 최고 수준 입문이라 할 수 있는 수다원에 이르면 비로소 무명이 있으면 존재 세계가, 무명이 없으면 마음인 법 세계임을 가르치는 것은 어떨지.

하여 법 세계를 깨달아 아트만과 같은 존재가 없음을 이해한 제자들은 **"이번 생 이후에는 새로 태어날 자아가 없음을 스스로 안다"**는 아라한 게송을 통쾌하게 읊을 것이다.

불교에서 모든 법의 근본이 되며, 최고 수준 법문은 12연기법인데, 그 이해하는 수준은 초심자와 중간에 이른 수행자와 거의 끝에 이른 수행자는 위에서 보듯 다르다. '무명이 있으면'으로 시작하는 존재 세계가 드러나는 유전문과 '무명을 멸하면'으로 시작하는 법

으로 귀환하는 환멸문 설법이 그것으로 수행이 무르익으면 12연기
법에 의지하여 존재인 아트만이 없는 세계 아라한이 된다.

12연기를 기반으로 제자들이 실천할 수 있도록 고안된 것이 4성제
법문이다. 최초로 굴린 법이 12연기가 아닌 4성제가 된 이유이기도
한데 4성제를 세번 굴려야[3전12행] 완전한 성취에 이르게 된다.

그러면 나와 세계는 어떻게 존재화가 일어나는가?

12연기법의 유전문은 마음 법[무명]으로 시작한 것이 어떻게 존재
화가 되는지를 보여준다.

〈214경〉을 다시 보면

"두 가지 연이 있어 식(識)이 생긴다. 어떤 것이 두 가지인가? 이른
바 [안(眼)과 색(色)], [이(耳)와 성(聲)], [비(鼻)와 향(香)], [설(舌)과
미(味)], [신(身)과 촉(觸)], [의(意)와 법(法)]이니라. 안(眼)과 색(色)을
연하여 안식(眼識)이 생기니, 그것은 무상하고 유위(有爲)이며 마음을
연하여 생긴 것이다[心緣生].

만일 색과 안과 안식이 무상하고 함이 있으며 마음을 연하여 생긴
것[心緣生]이면, 이 세 가지 법이 화합하는 접촉[觸], 접촉 뒤의 느낌
[受], 느낌 뒤의 생각[想], 이러한 모든 법도 다 무상하고 함이 있으며
마음을 연하여 생긴 것이다.

이러한 것들이 이른바 접촉[觸]·생각[想]·의도[思]이다.

이(耳)·비(鼻)·설(舌)·신(身)·의(意)에 있어서도 또한 그와 같으
니라."

〈214경〉에서 눈에 띄는 곳은

안과 색 등 2법 6쌍이 생기고 → 12처

2법이 생길 때 욕탐[무지]이 있으면, 욕탐이 있는 안과 색과 안식의 화합작용[3사화합]이 일어난다. → 욕탐의 18계가 됨.

3사화합작용인 촉이 생기면 이어서 수, 상, 사[행]이 생긴다.

→ 욕탐 존재인 5온 생김.

지금껏 우리는 5온을 존재로만 보았기에 감각기관인 6근은 당연히 5온에 의지하여 생기는 것을 의심하지 않았다. 그런데 〈214경〉에서는 마음에 생긴 12처에서 18계가, 그 18계에서 5온이 존재화되는 순으로 되어 있다. 시간이 가능하다면 이 대목을 갖고 비파사나 수행을 해야할 곳이다.

과연 5온 존재가 아닌 마음에 생긴 12처에 의해 18계가 생기고, 18계에서 5온이 마음에 생긴 후 그것이 나와 세계로 존재화 되는 것인지를. 이렇듯 12처 뿐 아니라 18계, 5온 모두는 〈214경〉에 있듯이 **‘마음을 연하여 생긴 것**[心緣生]’ 이라는 것은 예로 사과를 볼 때 외부에 있는 ‘무엇’ 이 빛의 반사로 눈의 망막에 맺힌 후 시신경 기관인 뉴런을 통해 뇌에 전달되면, 뇌는 들어온 정보 가운데 인상깊었던 것을 골라 안처와 색처로 분별, 수집 정리하여 안계와 사과[색계]라 마음이 인식한다. 그리고 인식한 사과를 외부에 있는 ‘무엇’ 에 투사하여 ‘사과’ 라는 분별식이 생기면, “내[안계]가 밖에 있는 사과[색경]를 보고 있다” 고 한다.

이렇듯 사과라는 인식이 생겼을 때 어디서부터 어디까지가 색처이며, 또 어디까지가 색계이고, 어디서 부터 색 인식인지 디지털 처럼 끊어지는 건지 여전히 불분명하다.

마음에 일어난 세계를 법 세계라 하고, 그것이 존재화가 되면 존재 세계라 하지만 법 세계와 존재 세계를 이해하고 있다 해도 현실에서는 분별되어 관찰 되지 않는다. 아니 법세계는 말만 있을 뿐 이해도 잘 안된다.

결국 남는 건 존재 세계뿐이다. 해서 간단히 내가 눈[안근]으로 색[색경]을 본다고 정리하니 현재 상좌부가 가르치는 내용이요, 대승불교의 가르침 또한 별 다르지 않다.

〈잡. 306. 인경〉은 그러한 우리 인식 과정을 잘 보여준다.

306. 인경(人經)

"세존이시여, 저는 혼자 어느 고요한 곳에서 골똘히 정밀하게 사유하다가 '비구가 어떻게 알고 어떻게 보아야 법을 볼 수 있을까?'하고 생각하였습니다."

그 때 세존께서 그 비구에게 말씀하셨다.

"자세히 듣고 잘 생각해 보아라. 너를 위해 설명하리라. 두 가지 법이 있다. 어떤 것이 그 두 가지인가? 안(眼)과 색(色), 이것이 그 두 가지이다. 안과 색을 연하여 안식(眼識)이 생기고, 이 세 가지가 화합한 것이 촉(觸)이며, 촉과 함께 하여 느낌[受]·생각[想]·의도[思]가 생기기 때문이다. 이 무색음(無色陰)과 안과 색 등, 이러한 법을 사람[人]이라고 하며, 이러한 법에 대해 사람이라는 생각을 지어 중생(衆生)이라고 하느니라. 또 이와 같이 말한다.

'나는 눈으로 색을 보고, 나는 귀로 소리를 들으며, 나는 코로 냄새를 맡고, 나는 혀로 맛을 보며, 나는 몸으로 감촉을 느끼고, 나는 뜻으로 법을 분별한다.'

그는 시설(施設)하고 나서 또 이와 같이 말한다. '이 존자는 이름은 이러하고 이렇게 태어났으며, 성(姓)은 이러하고 이렇게 먹으며, 이렇게 괴로움과 즐거움을 겪고 이렇게 오래 살며, 이렇게 오래 머무르고 이렇게 목숨을 마쳤다.'

비구들아, 이것을 곧 생각이라고 하고, 이것을 곧 마음의 기록이라고 하며, 이것을 곧 말이라고 한다.

이 모든 법은 무상(無常)한 것이고, 함이 있으며, 생각과 원(願)을 인연하여 생긴 것이라고 한다.

만일 무상한 것이고 함이 있으며 생각과 원을 인연하여 생긴 것이라면 그것은 곧 괴로움이다. 또 그 괴로움은 생겨나고 또 괴로움은 머무르며, 또 괴로움은 소멸하고 또 괴로움은 자꾸 생겨서 일체가 다 괴로움뿐이다. 만일 다시 그 괴로움을 남김 없이 끊고 토해 버리며, 탐욕을 여의고 쉬며 사라지게 한다면, 다른 괴로움이 다시는 서로 잇따르지 않고 생겨나지 않나니, 이것이 곧 적멸(寂滅)이요 이것이 곧 승묘(勝妙)이니라. 이를 일러 남아있던 모든 것을 버리고 일체의 애욕

이 다하며 탐욕이 없고 완전히 소멸한 열반(涅槃)**이라고 하느니라.**

본다는 것은 안과 색, 안식인 18계가 3사화합촉이 되어 보는 것이지만, 우리는 내가 눈[안근]으로 색[색경]을 본다고 안다. 이때 나는 아트만이요, 이 몸과 생각의 주인으로 이 생의 처음부터 끝까지 존재하는 것을 의심하지 않고, 인도인들은 그것이 윤회하는 것으로 생각했다.

석가세존께서 12처라는 말을 처음 만들어 그것은 마음에서 생긴 것이고, 그것이 존재가 되면 세상 사람들이 알듯 6근 6경이 된다.

우리가 아트만이라 하는 이 몸과 생각의 주인은 실은 12처에서 생긴 것이기에 본래 있는 게 아니고, 항상하는 게 아닐 뿐 아니라 수행을 하면 12처를 멸할 수 있다. 그리되면 자신의 주인으로 알고 있던.. 존재하는 것으로 알던 아트만 역시 사라진다고 한다.

임제스님은 '수처작주 입처개진(隨處作主 立處皆眞)'이라 하셨는데 주인이 참으로 존재하는가?

석가세존께서는 45년 동안 항상 당신의 주인으로 밖에 존재하는 제자들을 가르치시지 않으셨던가.

부처님은 아트만이 없다고 하는 것은 항상 존재하는 자 그래서 윤회 주체가 되는 존재, 그런 아트만이 없다고 하는 것이지, 임제 스님의 주인공(主人空)처럼 행위를 하는 자를 나라고 하며, 그렇게 행위하는 나를 없다고 하는 게 아니다.

이해가 되시는지?

중생에게 말세는 없다

12처를 심연생으로 알고 이해해도 여전히 눈으로 외부에 일체를 본다고 여기는 이유는 저절로 그리 되는 본능적이다 라고 할 만큼 의문이 없는데, 실은 무명이 원인으로 마음이 뇌를 그렇게 보도록 시키고 있기 때문이다.

1) '내가 색을 본다' 는 것과

2) '색 보는 자를 나라고 한다' 는 문장 차이를 보면 더욱 확실해진다.

볼 때 1)처럼 보는 자를 의식하지 않고 있더라도 보는 자가 있지 아니한가. 그것을 이름하여 나라고 하는 것 뿐이고, 그런데 어떻게 그것을 무시하고 2)처럼 보는 자를 의식하여 나라고 하느냐 말이다.

찰나연기를 주장하는 이들이 있다.

12연기의 시작인 무명이 생기면 행이 생기고, 식이, 명색이, 6처가 생과 노사에 이르는 과정이 찰라에 일어나고 이어서 또 12연기가 돌고 돌듯이 이어져 일어나는 게 찰라지간이라는 것이다.

찰나라는 시간에 12연기가 일어나면 그 누구도 12지 각각을 인식할 수 없다. 분자를 이루는 물과 수소 원소의 구성원인 핵과 전자를 사람이 인지할 수 없듯이 탐정이 사건을 해결하는 방법으로 역 추적하는 것을 역관이라 한다. 사건이 시간적으로 A, B, C 순서로 일어났을 때 탐정은 사건의 마지막 시점인 C가 일어난 원인으로 과거인 B를 추적하고, B가 정말 있었다고 하면 B가 일어난 원인으로 과거의 A를 추적하는 방법이 역 추적이듯 역관이란 시간적으로 늙고 죽음이 있는 것은 태어남이 있기 때문이고, 태어남 있는 것은 존재가 있기 때문이다.

존재가 있는 것은 모여 있기 때문이고, 모여있는 것은 좋아하기 때문이다. 라고 하여 결과를 보면서 그 원인을 관찰한다.

석가모니가 수행하면서 12연기를 발견하는 방법은 바로 역관이었다. 이때 순관은 역관이 참인지를 확인하는 수단이 된다.

예를 들면 시간적으로 '철수가 늙고 죽는 것은 태어남이 있기 때문이다' 라는 역관이 있으면 곧 순관으로 시간 안에서 '사람은 태어나면 모두 늙고 죽는다. 고로 철수가 죽었다는 것은 태어남이 있었다는 것이다' 라는 것을 바탕으로 철수의 죽음은 태어남이 있었기에 그렇다는 걸 확인한다.

명색이 생기는 것은 식이 있기 때문이다 라고 역관을 했으면, 식이 있으면 명색이 생긴다는 세상이 이미 인정하는 법이나 상식[순관]으로 확인한다.

순관은 물이 높은 곳에서 낮은 곳으로 흐르는 것을 누구나 알고 있듯이 이미 사실로 경험하여 받아들이고 있는 것이다.

역관은 흐르는 물의 몇 군데를 지점으로 정해 놓고, 낮은 지점에 있는 물은 바로 위 높은 지점의 물이 흘러온 것인지를 확인하고, 그 다음 지점의 물 또한 그런지 명확히 관찰 확인하며 역으로 역으로 관찰해 나아가 물의 시원이 되는 마지막 지점에 이르는 것이다.

그런 방법으로 석가모니는 노사가 생기는 것은 생이 있기 때문이고, 생이 생기는 것은 존재[유]가 있기 때문이고, 존재가 생기는 것은 취가 있기 때문이고, 하여 촉이 생기는 것은 6처가 있기 때문임을 관찰했는데 여기서 보통 수행자들은 안이비설신 감각적인 촉과 의인 인식적인 촉까지 실제 존재하는 것으로 알았다.

왜냐면 촉을 일으키는 안과 색, 이와 성, 비와 향, 설과 미, 신과 촉, 의와 법인 6근 6경이 실재 존재라는 것을 의심하지 않고 있었기에 석가모니 수행자도 6처를 6근으로 알고 6경을 만나 접촉하는 것으로 알았기에 죽기 살기 6년 고행으로 그 촉을 멸하려고 했지만 성공할 수 없었고, 결국 죽은 후에 가능하지 않을까 하며 의심했던 것이다.

석가 수행자가 부처님이 될 수 있던 결정적인 모티브는 바로 이제까지 6근과 그것의 주인인 '나'를 생멸하는 실재하는 존재로 알고 있는 것이 혹시 비실재가 아닌가 하는 것이었고, 보리수 아래에서 보는 자는 실제 존재인 안근이 아니라 비존재인 안으로 마음에 생기는 것임을 분명히 관찰한 순간이었다.

존재인 안근이 아닌 비존재인 안을 발견하여 부처님이 될 수 있었고, 후에 비존재이지만 존재처럼 알고 있는 안근을 대신해 안처라는 이름을 붙이고 제자를 가르친다.

더불어 보는 자[안처]라는 말속에는 보이는 것[색처]과 만나 있다는 것이 동시에 드러난다.

보는 자라고 하면서 보이는 게 없다면 어떻게 본다고 할 수 있는가?

12연기에 나오는 명색을 연해 생기는 6처의 뜻은 2법6쌍인 12처다.

그럼에도 부처님께서 6내처라 한 것은 앞에 있는 상대는 6근을 나, 6경을 대상인 세계로 알고 있기 때문으로 그 자리에서 6외처가 무명에서 생긴 것이라 하면 혼란이 너무 커지는 것을 염려한 것으로 본다.

마음이 어디엔들 없으랴마는 우리는 5온에서 마음[식]이 생기고, 5온 안에서 마음이 작용하는 것으로 안다.

하여 6외처가 6내처와 마음에서 만나면 촉이 생기는 데 그 촉은 어디에 생기는 것인가? 당연히 마음이다. 촉이 되었다 하여 다 기억되어 저장되는 게 아니다. 기억되고 저장되려면 느낌이, 좋아하여 머물고 모여있게 하니 그때가 되면 원소가 화합결합하여 분자가 되고, 분자들이 모여 화합하고 있는 것처럼 나와 대상인 존재[유]로 지각된다.

존재로 지각되면 태어남이 생기고 태어남이 있으면 늙고 죽음이 생긴다.

석가 수행자가 석가 부처님이 될 수 있던 과정을 보면 12연기에 나오는 각각의 지를 분명히 관찰했기에 가능했으니 12지 하나하나 가운데 중요하지 않은 게 하나라도 있으리요만 그럼에도 촉이 일어나는 원인이 6처가 존재가 아닌 마음인 법임을 관찰한 게 핵심이 아닌가.

더욱 12처가 심연생임을 설한 〈잡. 214. 2법경〉이 빛이 나는 이유는 시간이 흐르며 12처는 6근6경처럼 이해하다 결국 6근6경과 같은 존재로 설명하니, 존재론에 의거한 힌두교와 근본적인 차이가 없으니, 인도인들은 힌두교를 선택하고 불교를 버렸다.

우리는 내가 사물을 보는 것에 너무 익숙해져 있어 사물을 보는 자를 나라고 하는 것이 어색하다. 따라서 사물을 보는 자를 나임을 강조 설명해 주어야 과연 몇이나 그때 그때 바르게 보고 이해하겠느냐 말이다.

보리수 아래에서 석가가 생각했듯이 차라리 말하지 않고 열반에 드는 게 나으리라 하는 독백에 공감하지 않는가.

다시 〈306. 인경〉을 보면

그 때 세존께서 그 비구에게 말씀하셨다.

"자세히 듣고 잘 생각해 보아라. 너를 위해 설명하리라. 두 가지 법이 있다. 어떤 것이 그 두 가지인가?

1. 안(眼)과 색(色), 이것이 그 두 가지이다.

안과 색을 연하여 안식(眼識)이 생기고, 이 세 가지가 화합한 것이 촉(觸)이며, 촉과 함께 하여 느낌[受]·생각[想]·의도[思]가 생기기 때문이다.

이 무색음(無色陰)과 안과 색 등, 이러한 법을 사람[人]이라고 하며, 이러한 법에 대해 사람이라는 생각을 지어 중생(衆生)이라고 하느니라."

2. 또 이와 같이 말한다.

'나는 눈으로 색을 보고, 나는 귀로 소리를 들으며, 나는 코로 냄새를 맡고, 나는 혀로 맛을 보며, 나는 몸으로 감촉을 느끼고, 나는 뜻으로 법을 분별한다.' 그리고 '이 존자는 이름은 이러하고 이렇게 태어났으며, 성(姓)은 이러하고 이렇게 먹으며, 이렇게 괴로움과 즐거움을 겪고 이렇게 오래 살며, 이렇게 오래 머무르고 이렇게 목숨을 마쳤다.'

1.을 보면 보는 자와 보이는 대상이란 구분없이 둘이 만나면 그를 연해 6식이 생기고, 그 셋[18계]이 마음 안에서 접촉을 하면 수, 상, 사[5온]가 생긴다고 했다. 그렇게 생긴 5온을 사람이라 하는 것은 문제가 없다 하겠는데 중생이라 하는 것은 심각한 문제가 생겼음을 의미한다.

중생은 본래 법인 일체를 존재로 받아들이는 자들로, 그로인해 고통을 받고 있는 자들이다. 존재가 되면 내가 색을 접촉하고 인식하는 것으로 안다. 하여 2]에서 보듯 "나는 눈으로 색을 보고, 나는 귀로 소리를 들으며" 하는 것이다.

애꾸눈 세상[중생 세계]에서 두 눈을 뜨고 있으면[부처] 그가 오히려 이상한 자가 된다. 애꾸눈 세상이지만 두 눈이 있고 두 눈을 뜰 수 있는 방법이 있어 수행하는 자들이 있다면 그들은 아직 애꾸눈이라 해도 애꾸눈 세상에 살기가 어렵다. 하여 세속이란 애꾸눈 세상과는 다른 출세간 또는 출가 세계가 나오게 된다.

그런데 세상살이가 재미있는 게 출가 세계로 간 자들 가운데 그곳에서 다시 세간살림을 차리는 자들이 있다.

말세란 출가 세계에 세간 살림을 차린 자들이 소수가 아닌 다수가 된 세상을 말한다. 중생 세계는 중생 세계이므로 중생 살림으로 돌아가는 게 당연한 게 아닌가.

봄이 오고, 여름이 오고, 가을이 오고, 겨울이 오는 것은 당연한데 전쟁, 질병, 자연적 재해를 보며 말세라고 하는 것은 어법으로 맞지 않는다. 가을이 지나면 겨울이 오는 것을 말세라 하지 않듯이 말세란 출가자들이 탐욕이 주인되어 재가자처럼 행동하는 세계를 지칭하는 것이지, 당쟁과 전쟁을 일삼고 있는 재가자 세계인 중생 세계를 지칭하는 게 아니다. 중생세계는 5욕7정이 주인이 되어 당쟁과 전쟁이 일상인 탐욕의 세계이므로.

머리 깍고 승복을 입고 있는 출가자 세계를 보며 과연 몇 사람이나 '말세는 오지 않을 것'이라고 주장할 수 있는지..

법을 바르게 알고 있어도

석가모니 부처님이 세상에 나오기 전 그리고 지금도 마찬가지인데 사람들은 다섯 감각기관[5근]으로 대상[5경]을 접하고, 의근으로 일체가 존재함을 인식한다는 것을 아무런 의심없이 받아들이고 있다. 따라서 그렇게 알고 살면서 삶에 불편이 없다면 그것으로 충분하다는 것에 토를 달 이유가 없다.

6근에서 의근이란 앞에 있는 안이비설신 5근을 조절 관리 통합하는 능력이라 할 수 있다. 의근은 안근처럼 외부에 있는 사물을 볼 수는 없지만 안근이 본 것을 들여다 볼 수 있는 능력이 있다. 마치 씨씨티비로 들어온 영상을 모두 체크하는 중앙 본부 시스템처럼, 법경 역시 색성향미촉 5경의 대상 능력을 종합하고 있는 것으로 의근에 상대하는 기능을 한다. 예를 들면 사과는 모양과 색깔과 맛과 향기 접촉 느낌이 있는 게 그 모든 것을 담고 있다고 여기는 게 법경으로 의근의 대상이다.

하여 근래에는 의근과 법경은 깜깜한 뇌 속에 있으면서 나와 일체가 된다고 한다.

이렇게 나와 세계를 6근과 6경으로 보면 6근과 6경은 독립적인 존재로 서로 의존하지만 하나는 아니다. 하나가 아닌 독립적 존재라고 하는 것은 어느 한 쪽이 다른 한쪽을 완전히 컨트롤 할 수 없다는 것이다.

석가모니 역시 6년 고행을 할 때까지 당연히 6근 존재인 자기와 그가 접하고 있는 6경인 외부 존재를 의심하지 않았다.

그러던 그에게 6근과 6경으로 존재하는 일체에 의심이 일어나 고행림에서 벗어나 보리수 아래에서 존재가 아닌 마음에서 생긴 것임을 온 몸으로 깨치니 부처님으로 새로 탄생한 것이다.

보리수 아래에서 부처님을 이루었을 때 세상은 지진으로 떨렸고, 하늘에서는 천상의 노래가 울려 퍼지며 만달라 꽃이 눈처럼 내렸다고 하는데 그런 황홀한 광경을 유미죽을 올린 수자타 처녀도 보았을까? 아니, 석가와 함께 수행하던 다섯 사문도 하늘에서 펼쳐진 스펙타클한 어마어마한 우주적 축하 광경을 듣지도 보지 못했다.

이유는 그런 사건은 존재 세계에서 일어난 게 아닌 마음에서 일어났기 때문이다. 그때 마음을 법이라 한다.

석가모니는 부처님이 되기 전 명상 수행자 마스터로 이미 최고 자리에 올라 있었으며, 그 후 고행자로도 역시 최고 반열에 올라있어 명상 수행자나 고행자 사이에서는 삶이 끊어지면 지바Jiva라는 영생을 약속 받는 수준이었다. 그런 그가 고행림을 떠났다는 것은 죽은 후 영생을 포기했다는 것 아닌가.

석가세존이 부처를 이룬 후 고행을 하고 있는 다섯 사문을 찾아가 처음으로 한 설법 가운데 별 소득도 없는 고행을 하지 말라는 것은 자이나교나 고행자에게는 청천벽력같은 고함이었을 터 그 말을 들은 자이나교가 불교를 얼마나 미워했을지 이해가 된다.

그러나 불교 수행자는 자이나만큼 극심한 고행을 하지 않았지만 일상 생활에서 지키는 계나 수행은 심지어 성철큰스님의 10년 장좌불와는 극심한 고행이 아닌가. 이와 같은 모순이 있는 이유를 아는지..

불교가 세상에 나온지 천오백 여년이 지나 불교는 인도에서 사라졌지만 자이나교는 살아 남았다.

자이나교도들은 불교가 사라진 이유는 모르더라도 고행은 아무런 이익이 없다고 가르친 불교가 세상에서 사라지니 얼마나 신이 났을까!

암튼 아무리 수행이나 고행을 많이 하고 최고 수준에 이르러도 석가세존이 그것은 아무런 이익이 되지 않는다고 한 이유가 무얼까?

5온에 있는 탐욕을 모두 버리고 지바만 남아 영생을 누리겠다는 자아라는 존재가 있다고 하면 그것은 무아가 아니다.

기독교인의 궁극 희망인 천국 삶이나 자이나교의 지바 그리고 불교의 극락정토는 존재 세계에서 존재인 내가 꿈꾸는 최고의 목표로 충분하지만 더 이상 탈 것이 남아 있지 않은 완전한 열반은 아닌 것이다.

석가모니가 수많은 전생을 살면서 나고 죽음을 계속하면서 엄청
난 선행과 수행을 했음에도 부처가 되지 못한 이유는 반복하고 또
반복해 말하지만 수많은 보살행을 하는 '나'를 실재 존재로 의심없
이 받아들이고 있었기 때문이었다.

일체는 지금 이 순간에도 존재하는 나에게 보이고 감촉되고 느껴
지고 알려지고 있으니 존재임을 부정할 수 없는데 존재가 아니라면
무엇이란 말인가.

석가세존은 그것은 존재가아니라 '법(法 dharma)'이라 하였다.

영어로 대문자인 'Dharma'로 쓰면 진리란 뜻이고, 소문자
'dharma'로 쓰면 일체 하나하나를 의미한다고 약속했단다. 그것
을 한글에서는 두 가지 의미로 하나는 진리라는 뜻과 의처의 상대가
되는 법, 일체를 의미한다. 법의 본 뜻은 진리인데 그것을 일체를
뜻하는 의미로 석가세존이 사용했다는 것은 매우 흥미롭다. 일체가
그대로 진리라고 보는 것 같아..

『잡아함경』에 〈319.일체경〉, 〈320.일체유경〉, 〈321.일체법경〉
이 나란히 나온다. 『경』에 나오는 질문자는 한사람인데 석가세존의
대답은 제목에서 보듯.. 〈320경〉은 있다는 유경, 〈321경〉은 법경이
라 하여 조금씩 다른 대답을 하고있다.

세 경을 비교해 보면, 〈319경〉은 중간, 〈320.일체유경〉은 하,
〈321.법경〉은 상으로.. 상대 수준에 따라 부처님께서는 대답을 달리
한다. 그렇다면 대기설법의 의미를 분명히 살려 수집정리했더라면

더 좋았을 것인데 하는 아쉬움이 있다.

〈321경〉에 등장하는 질문자는 〈319.일체경〉에 나오는 같은 질문자와 같은데, 바라문이란 인도 계급 사회에서 최고 계급으로 지식과 부귀를 누리는 자들이었다. 경에 나오는 생문 바라문은 당시 똑똑한 지식인을 대표하고 있다.

〈319경〉에서 일체는 존재인 6근과 6경이 아니라 2법 6쌍인 마음인 12처에 의해 드러나는 것이라고 들었는데 그런 일체를 어떤 불제자는 '일체 존재'라 하고 또 다른 불자는 '일체 법'이라 한다.

그 말을 듣고는 법과 존재 차이를 세존에게 묻는 것이다. 당신의 제자들이 일체 존재를 일체법이라고 하는데, 법은 존재와 다른 것이냐고 묻는 장면으로 앞에서 설명했듯이 상좌부는 법과 존재를 동일시 하고 있다.

그 대답이 〈321경〉으로 여기서는 삼수(-受)인 세가지 느낌에 포인트를 주어 답변을 한다.

좋다[즐겁다]는 느낌, 싫다[괴롭다]는 느낌, 좋지도 싫지도 않은 무덤덤한 느낌은 대상이 주체와 만나 주체에게 생기는 것이다. 법이란 그처럼 대상을 통해 주체에게 생겨 있는 게 된다고 〈321경〉에서 설한다.

만일 바라문이 법이란 6경의 하나인 법경으로 주체가 아닌 대상이 갖고 있는 것인데 그런 법을 주체에게 생기는 느낌이라고 설명하는 부처님 설명을 듣고 만족해 하며 떠나갔다는 것은 부처님 말을 바르게 이해했다는 것인지 알 수 없다. 하지만 〈321경〉을 보는 이는 법은 6경에 있는 게 아닌 의근에 의한 세가지 느낌이라는 것을 알고, 그렇다면 그것이 어떻게 어디에 있는 것인지 새겨보아야 한다.

(만일 12처를 마음에서 생긴 법으로 알면) 그런 2법 6쌍인 12처는 18계가 되어 3사화합촉을 일으키니 좋아하거나, 싫어하거나, 덤덤한 세가지 느낌[수]이 생긴다. 이렇듯 촉을 연해 느낌인 수가 생기므로 그것이 존재임을 부정하지 않을 뿐 아니라 존재를 의심하지 못하게 된다. 하여 12연기법에서 수인 세가지 느낌은 존재화가 시작되는 지점으로 설명한다.

그러나 법안이 열린 자라면 촉으로 생기는 세가지 느낌[3수] 역시 존재가 아닌 법으로 마음에 생긴 것임을 본다.

설법을 듣고 돌아가는 바라문은 웃고 있지만 법을 법으로 온전히 이해하고 돌아가는 걸까?

세상에는 존재와 법을 같은 것으로 아는 자, 존재와 법이 섞여 있는 것으로아는 자, 존재는 없고 법만 있음을 아는 자가 있다.

『금강경』을 보면 **보살은 아상, 인상, 중생상, 수자상이 있으면 보살이 아니다** 라고 하신다.

아상 등이 있으면 왜 보살이 아니라고 하지?

아상은 바로 나라고 하는 존재[상]이기 때문이다.

〈잡. 265. 포말경〉에는

그 때 세존께서 여러 비구들에게 말씀하셨다.

"비유하면 항하강 큰 물이 사납게 일어나 흐름을 따라 모이는 물거품을 눈이 밝은 사부(士夫)가 자세히 관찰하고 분별하는 것과 같다. 자세히 관찰하고 분별할 때 거기에는 아무 것도 없다.

단단한 것도 없고, 알맹이도 없으며, 견고함도 없다. 왜냐 하면 그 모인 물거품 가운데에는 단단한 알맹이가 없기 때문이니라.

그 때 세존께서 이 뜻을 거듭 펴기 위하여 게송으로 말씀하셨다.

색(色)은 모인 물방을 같고

수(受)는 물 위의 거품 같으며

상(想)은 봄날 아지랑이 같고

모든 행(行)은 파초와 같으며

모든 식(識)과 법(法)은 허깨비와 같다고 관찰하라.

태양 종족의 존자께서 이렇게 말하였느니라."

라고 하셨다.

5온이 포말이나 아지랑이 같다는 비유는 존재로 알고 있는 5온은 존재가 아님을 설명하는 것이다.

반복해서 간곡히 설명하시는 이유는 많은 제자들 역시 법인 5온을 존재로 아는 것에서 벗어나지 못하고 있기 때문이다.

법이란 무엇이라고? 실체가 알갱이[원소, 미립자]가 있는 게 아니다. 그런데 세상은 일체를 생기게 하는 근본을 신이나 근본 원소[미립자]인 존재로 설명하고 있다.

그거 아니다.

보는 자[안]와 보이는 것[색]이 만나 안식이 생기는데.. 이때 안[안처]와 색[색처]는 존재가 아니다.

입처로써 안입처와 색입처이며 들어와 있는 장소[입처]는 마음으로 존재가 아니다.

세상은 안이비설신의와 색성향미촉법을 6근 6경이라 하며 존재로 알고 있으나 존재로 알고 살면 안된다고 하는 게 아니라 안과 색, 이와 성, 비와 향, 설과 미, 신과 촉, 의와 법인 2법6쌍인 12처는 존재가 아닌 포말같은 것으로 말하자면 마음에 생겼다가 슬며시 사라지는 것이다.

하여 〈잡. 241.소연법경〉에서는

'나는 오늘부터 올바르게 위빠사나(思惟)하여,

안(眼)은 무상(無常)하고 유위(有爲)이며, 마음을 연하여 생긴 법[心緣生]이라고 관찰하자.

색(色)과 안식과 안촉(眼觸)과 안촉을 연하여 생기는 느낌인, 괴롭거나 즐겁거나 괴롭지도 즐겁지도 않은 안의 느낌[受]도 또한 무상하고 유위(有爲)이며, 마음을 연하여 생긴 법[心緣生]이라고 관찰하자.'

귀[耳]·코[鼻]·혀[舌]·몸[身]의 입처(入處)에 대해서도 마땅히

이와 같이 배워야 한다.

참 보물을 발견한 자가 신이나 그것을 사람들에게 말하는 데 사람들은 그것을 믿지 않고 건성으로 받아들이거나 또 어떤 자는 아예 그를 미친자처럼 취급한다면 그가 어떻게 반응할까? 더 이상 보물에 대해 말하지 않을 것이다.

존재를 마음 법이라 전하는 석가모니 제자들을 대해 『경』에 나오는 생문 바라문처럼 진심으로 기뻐하며 고마워하는 자보다 오히려 미친자처럼 보는 자가 더 많았다. 하여 그런 수모를 당하는 제자들에게 그들을 상대하여 논쟁을 하지 말고 침묵으로 답하고 조용히 그 자리에서 빠져 나오라고 했다.

석가세존은 아무에게나 마음 법을 설하지 않고 알아들을 만한 자들에게만 법에 대한 바르게 설했다. 그러니 상대 수준에 따라 존재로 설하는 때가 더 많았으니. 그런자들에게는 혼란을 주지 않고, 〈320경〉처럼 일체를 존재인 유로 시설하셨다.

같은 질문인데. 〈321경〉에서는 법으로 설하시고, 〈320경〉에서는 존재로 설하신다. 상대가 어떤 수준인가에 따라 답이 달라진다. 석가세존은 당연히 마음 법으로 설하고 싶겠으나 상대가 그것을 이해할 수준이 아니라면 그냥 존재 세계 눈높이로 대답한다.

『잡아함경』은 순일하지 않은 것처럼 보인다.

만일 5온 등 일체를 법이라고 설하실 것이라면 처음 중간 끝이 순일하게 법으로만 설하시면 좋을 것을 만일 5온 등 일체를 존재라고 설하실 거라면 처음 중간 끝 모두에 순일하게 존재로만 설하시면 지금처럼 헷갈리지 않을 터인데 대기설법이란 말처럼 마음인 법으로 설하는 것과 존재로 설하는 게 섞여 있어 학인을 혼란에 빠뜨린다. 순일하지 않다는 뜻인 '잡(雜)'이라 불리는 『잡(雜)아함경』이어서 그런가. 그런데 『잡아함경』을 보면 그대로 나를 보는 것 같다.

나는 주로 존재로 사물을 보다가 어쩌다 사물을 법으로 본다. 내 삶에 준재와 법이 순간순간 그냥 자연스럽게 섞여있다.

법과 존재를 이해했다 해도, 삶에서 마음 법이 아닌 존재로 인식하고 있다.

색이 무상하다는 의미는

북방 상좌부의 『잡아함경』과 같은 내용의 경으로 남방 상좌부의 『쌍윳따 니까야』가 있다.

쌍윳따의 뜻은 주제별로 묶었다는 것으로, 『잡아함경』역시 주제별로 묶어 수집정리 되었는데 순일하지 않다고 했다.

그에 반해 『쌍윳따 니까야』는 매우 순일하다. 혼란을 일으키는 마음에서 생긴 법이란 심연생 설법은 보이지 않듯이.

『아함경』은 구전으로 전해오던 것을 500여 년도 더 지난 2,3세기부터 산스크리트어로 수집정리한 것을 4,5세기 한문 경으로 번역하였고, 『쌍윳따 니까야』는 기원전 2,3세기 빨리어로 수집 기록했는데 그것은 유실되고, 17세기 버어마에 전해지고 있던 팔리어 경전을 다시 수집정리하여 지금에 이른다고 한다. 이 내용만 보면 『니까야』가 『아함경』보다 석가세존 오리지널 사운드에 훨씬 가깝게 보인다. 사실이 그렇다.

그러나 여기에 담긴 진실 가운데 가벼이 지나치면 아니 되는 지점이 있다. 기원전 2,3세기 아쇼카 왕 시대에 불교가 아쇼카 왕자인 마힌다 장로에 의해 스리랑카에 전해졌다.

아쇼카 시대 불교는 상좌부 불교인데 그때 상좌부 불교는 6근과 6처를 같은 것으로 이해하는 자들이 많아지던 시기였던 것 같다. 참고로 산스크리트어는 물론 빨리어도 석가세존이 사용하던 언어는 아니었지만, 스리랑카에서 문자로 수집정리할 때 불교 고유 언어로 빨리어를 사용했다고 하니 빨리어는 천주교의 라틴어와 같은 불교 고유 언어라 할 수 있다. 다만 매우 아쉬운 건 빨리어 경전 안에 '심연생'이란 의미의 단어가 보이지 않는다는 점이다.

그전부터 있던 초기 불교는 상좌부와 대중부로 갈라지는 핵심 이유는 계율을 다르게 해석하기 때문이라 하는데 한편에서는 당시 최고의 수행자로 불리는 상좌는 아라한 대접을 받으며 불교계를 이끌어 가고 있었다.

상좌가 아라한인가 아닌가 하는 것은 수계를 통해 인정받는 게 아닌 '불수후유(不受後有)를 스스로 안다'고 하듯 무아를 깨치고 있느냐로 판단된다. 무아를 깨치면 아라한이다. 무아를 깨치지 못했으면 수많은 중생에게 존경받는다 해도 아라한이라 불릴 수는 없는 것이다. 그러기에 아라한에 이르지 못한 상좌를 아라한 대접하는 것을 거부하고 대중부가 일어났다는 것이다.

한편 아라한에 이르지는 못했지만 상좌라 불리는 이들을 아라한으로 대접하는 것은 현실을 인정한 탁월한 판단으로 본다. 오히려 상좌부의 아라한을 부정하는 대중부의 타락이 더 눈에 띈다. 그러기에 "부처님은 오직 석가모니 부처님 한 분 뿐!"이라는 상좌부의 강조는 앞으로도 유효하다.

불법승 삼보에서 불은 석가모니 부처님, 법은 석가모니 가르침과 계율, 승보는 승려들이 모여 생활하는 승원[승가]이지만, 승가의 타락을 보면 '거룩한 스님[승]'으로 바뀐 것은 자연스런 현상이다.

BC 2, 3세기 인도 문화의 중심지인 북부 지역 상좌부가 12처를 6근6경으로 이해하는 그런 형편이었는데 왕래가 어렵고, 정보 교환이 어려운 제주도처럼 남쪽 끝 바다에 있는 섬 스리랑카의 불교 수준은 어땠을까. 그들이 2법6쌍인 12처는 존재가 아닌 마음 법이라 하면 알아듣는 자 몇이나 되었을까. 『쌍윳따 니까야』에 '법은 심연생'이라는 내용이 『경』에 빠지게 된 결정적인 이유로 본다.

북방에서 수집정리된 『잡아함경』에 심연생이 나오는 것은 기적 같은 일로 보인다. 그렇게 전해오고 있어도 대승불교는 12처를 6근6경과 같은 뜻으로 해석하면서 전해오고 있지 않았는가.

21세기를 사는 우리 지적 수준은 기원 전 인도와는 비교를 허락하지 않을 만큼 높은 수준에 있다.

그럼에도 이 글을 보는 당신은 "보는 자인 안[안처]과 보이는 것인 색[색처]이 마음을 연해 생긴 것"임을 참으로 이해하고 있는지?

『쌍윳타 니까야』 시작은 하늘에 존재하는 천신이 부처님께 다가와 질문하고 부처님 답을 듣고 가는 내용을 출발점으로 수집 정리되어 있다. 그 이유는 부처님은 하늘의 신과 인간의 스승이라는 천인사를 강조하려는 의도로 보인다. 그에 반해『잡아함. 1. 무상경』은 5온은 무상으로 시작해 5온은 괴로움이라 하고, 5온은 무아요, 공이라는 내용이다.

생각해 보자. 경을 수집정리하던 불교 리더인 상좌와 논사는 맨 처음에 어떤 내용을 실을 것인지 얼마나 깊이 사유하며 의견을 주고받았을지를 그런 고심 끝에『잡아함경』처음에 실은 내용이 "색(色)은 무상하다 관하라. 이렇게 관하는 게 바른 관[正觀]이다." 이다. 라고 한 〈잡. 1. 1. 무상경〉 이다.

1.무상경

그때 세존께서 모든 비구들에게 말씀하셨다. "색(色)은 무상하다 관하라." 이렇게 관하는 게 바른 관[正觀] 이다.

색은 생주이멸이요, 생로병사하는 존재로 무상하다는 것은 동서고금의 삼척동자도 알고 있는 것.

어쩜 이리 시시한 내용이 성스러운 부처님의 첫 번째 설법으로 〈잡. 1.1〉로 수집정리된 것일까?

무상은 한문으로 항상하지 않는다는 뜻인 '무상(無常)'인데 빨리어 오리지날 뜻으로 두 가지 의미가 있다고 한다. 하나는 생주이멸하는 존재적인 무상 asassata이고, 다른 하나는 생주이멸하는 실체가 없이 변한다는 아니짜 anicca가 그것이다.

석가세존은 색은 마음 법으로 실체 없이 변한다는 아니짜 의미로 설하였는데 상좌부에서는 아니짜로 쓰면서 뜻은 실체가 있는 존재적 무상 아사싸따로 새기고 있다.

반복해 말하지만 '일체를 법'이라고 말하지만 뜻은 존재처럼 이해하여 부처님 가르침을 전하는 자가 적지 않았다.

많은 제자들이 묻는다. "세계는 항상[유상sassata]하는가? 아니면 무상asassata 한가?"

우리도 저와같은 질문을 끊임없이 한다. 우주는 시간과 공간적으로 영원한가[유상]? 아니면 끝이 있는가[무상]?

우주가 무한인지 유한인지 알려면 우주는 먼저 존재가 되어야만 한다. 존재하지 않으면 유한인지 무한인지 어떻게 판단할 수 있으리요. 부처님 제자인 만동자가 질문을 할 때 그는 우주와 시간은 존재하고 있는 것으로 여기면서 질문하고 있었다. 그의 질문 모두는 존재로 보면서 하는 것이다.

일체가 법임을 알지 못하고 존재로 알고 질문하는 자에게 대답은 부처님 대답은 침묵이었다.

잘못된 질문에 정답은 없으므로.

평소 5온은 무상anicca하다고 관찰하라는 세존이 만동자 질문에 침묵으로 대답한다.

마음인 무상 아니짜는 존재인 무상 아사싸따가 아니기에..

만동자 질문을 무시[무기]하고, 동문서답하듯 독화살 비유로 답한다. 독화살 비유는 독화살에 맞은 자가 독화살을 빼야만 죽음에서 벗어날 터인데 화살은 그냥 두고 독화살이 어디서 날아왔고 독의 성분이 무엇인지 알지 못한다면 화살을 뽑지 않겠다며 버티고 있다는 예다.

세계가 끝이 있느냐 없느냐 하는 존재가 전제된 질문은 잘못된 것이다. 그러니 먼저 세계는 마음에서 생긴 것으로 존재가 아님을 이해하라. 존재로 알고 있는 독이 묻은 화살을 먼저 뽑고, 존재가 아닌 마음에서 생긴 법임을 이해하고 질문하라. 제자 만동자 질문에 침묵한 것은 제자를 무시한 게 아니라 잘못된 질문이기 때문이었듯이, 독화살 비유는 잘못된 질문을 바른 질문으로 바꾸어야 함을 설하신 것이다. 먼저 침묵하고 그리고 설한 독화살 비유는 동문서답이 아니다.

다시 〈1.무상경〉으로 돌아와 세존께서 색온이 무상하다고 설하시는 데, 이때 색온은 심연생으로 생긴 색이 존재로 넘어온 상태가 되어 색온은 존재로 무상임을 관찰할 수 있지만 더 나아가 색온은 심연생이면서 무상함을 관해야 한다는 것이다.

그러기에 색온이 존재로 보면 괴로움[고]이 되며, 색온을 심연생으로 관하여 공으로 관찰이 되면 일체 괴로움에서 벗어날 수 있다.

존재하는 색온이기에 생주이멸하므로 무상하다고 관하는 것은 그리 어렵지 않지만, 색온이 심연생이므로 괴로움이 붙어 있을 자리가 아예 없다는 색온은 심연생임을 관하는 것은 결코 쉬운 일이 아니다.

나와 세상이 보고 있는 나와 보이는 대상이 존재가 아닌 모두 공임을 관하는 게 어찌 쉬울 수 있을까.

만일 〈1.무상경〉을 5온은 공임을 관하는 것으로 이해하여, 그것을 수행으로 깨치려는 자가 있다면 그 다음 『경』으로 넘어가지도 못하고 세상을 뜨는 자들이 대다수가 아닐까.

만일 색온이 마음을 연해 생긴 것으로 무상함을 관하려면 사마타로 마음을 안정시키고, 색을 위빠사나인 집중을 통해 관찰할 때 색이 심연생임을 관 할 수 있을 것이다.

그런 연후 다시 색 법은 무상함을 관해야 한다.

"색(色)은 무상하다 관하라. 이렇게 관하는 게 바른 관[正觀]이다."

하는 말의 뜻은 "색온을 깊이 관하면 생주이멸하는 존재로 관찰이 되지만, 더 깊이 관찰하면 그것은 안처와 색처가 마음에서 만나 생긴 심연생이지 나와 관계없이 외부에 있는 존재가 아님을 관찰하게 된다. 이렇게 관찰하는 게 바른 관[정관]이다" 그렇게 관찰이 되면 싫어하는 느낌이 일어났을 때 싫어하는 마음을 멸할 수 있다. 그것은 실재하는 게 아닌 마음에 생긴 것이므로. 그렇게 관찰이 되면 **곧 싫어하여 떠날 마음이 생기고, 싫어하여 떠날 마음이 생기면 기뻐하고 탐하는 마음이 없어지며, 기뻐하고 탐하는 마음이 없어지면 이것을 심해탈(心解脫)이라 하느니라.**

『경』에 '심해탈'이란 언어가 나오는데 선정에 들어 색온이 존재가 아닌 마음에서 생긴 것을 관하는 단계는 9차제정에서는 마지막 단계인 멸진정에서 일어난다고 했다.

그런데 선정에서 깨어나 평시로 돌아오면 차차 심연생으로 관찰된 색온을 다시 존재처럼 대하게 되고, 괴로움이 자란다.

색온을 존재로 알고 생활한다. 하여 거기서 멈추지 않고 비파사나를 더욱 행하여 평시로 돌아와도 일체를 존재가 아닌 법으로 대할 수 있도록 체득[증득]해야한다.

이와 같이 비구들아, 마음이 해탈한 사람은 만일 스스로 증득하고자 하면 곧 스스로 증득할 수 있으니, 이른바 '나의 생은 이미 다하고 범행은 이미 섰으며, 할 일은 이미 마쳐 후세의 몸을 받지 않는다'고 스스로 아느니라.

마음은 항상 색온이 존재가 아님을 관찰하고 있으면서 더 나아가 온 몸으로 역시 색온이 존재가 아님을 찰나찰나 알아채고 행해야 한다. 곧 마음이 의식하지 않아도 몸이 스스로 알아 색온이 존재하지 않는 걸로 살아가고 있다. 그렇게 되었는지는 어떻게 아는가? 아직도 죽음이 두려운가? 내가 없는데 무엇이 죽고 무엇이 윤회한단 말인가?

'후세의 몸을 받지 않는다'고 스스로 보고 있다.

나를 이루고 있는 5온 가운데 물질은 에너지 보존의 법칙 가운데 인연따라 모였다 사라진다.

마음은? 마음은 질량이 있는 존재와 다른 차원이듯 몸이 사라지면 마음은 마음 차원으로 돌아가는 게 아닐까? 그러나 그것은 우리 경계가 아니므로 말로 할 수 없어 침묵할 수밖에 없다.

5온을 관할 때 존재로 보아 관하면 본래 존재하지 않고 있으나 인과 연이 만나면 색온과 수상행식 5온이 생겨난다. 그러다 인연이 다하면 색온이 사라지고 수상행식 5온이 사라진다. 이때 만일 5온을 나의 것으로 알고 있는 자가 있으면 그는 지금까지 지은 업을 갖고 있기에 다음 생의 5온을 받을 때 그 업이 주인 행세하면서 들어온다. 윤회가 되는 것이다.

5온을 관할 때 5온이 존재가 아닌 심연생인 법으로 보면 인과 연이 만나 5온이 생기는 것은 같다.

차이는 존재는 수행으로 멸할 수 있는 게 아니다. 존재는 생주이멸 법칙을 따른다. 마음에서 생긴 5온은 마음 수행을 하면 지금 여기서 멸할 수 있다.

석가세존이 제자들에게 전한 포인트는 존재를 멸하라는 게 아니라 지금 여기서 곧 현생에서 심연생에서 생긴 법을 멸하라는 것이었다. 존재는 생주이멸 법을 따르니 항복을 받아야 하고, 심연생인 5온을 지금 여기서 멸하라.

〈1. 무상경〉을 보며 만동자가 질문하는 존재 무상을 관하는 것과 본래 존재하지 않는 법으로 색온을 무상으로 관하는 것의 차이가 보이는지. 『무상경』이 『잡아함경』 첫 번째 자리에 놓일 만한 내용이구나 하는 생각이 들면 『잡아함경』을 수집정리한 선지식들의 수고와 관찰의 결과를 보는 듯하여 저절로 합장이 된다.

한편 천신의 스승임을 밝히는 내용으로 시작하는 남방 상좌부의
『쌍윳따 니까야』는 어떤가?

천신이란 존재를 인정하고 있는 분위기가 아닌가.

『잡아함경』을 정리한 논사들과 『니까야』를 정리한 논사들이 대
상으로 삼고 있는 자들의 수준 차를 보아야 한다.

다시 6처와 6근은 어떻게 다른 것인가

12처가 마음을 연해 생긴 것이라 해도 "그럼에도 12처는 6근 6경을 연해 생긴 것이니 존재라 해도 틀리지 않는다."라고 생각할 수 있다.

그 이유는 안입처가 마음에 생긴 것은 마음에 생길 수 있는 원인이 있기 때문이고, 그 원인은 안근이 있기 때문이 아닌가. 이입처, 비입처, 설입처, 신입처 그리고 의입처도 마찬가지라고 생각하기 때문이다.

마찬가지로 색입처가 마음에 생긴 것은 마음에 생길 수 있는 원인이 있기 때문이고, 그 원인은 외부에 색경이 있기 때문이 아니냐는 것.

하여 심연생이 우선이라면 안근과 이근이 없다는 것이니 보는 자와 듣는 자가 섞일 수도 있지 않을까. 더 나아가 심연생이라면 사자가 코끼리를 낳을 수도 있지 않은가.

즉 존재가 우선 있기에 그를 연해 마음이 일어나듯 일체 법이 생기는 것으로 존재가 없다면 마음은 일어나지 않는다. 존재가 우선으로 마음에 생기는 것은 후험인 결과라는 것이다.

여러분도 그렇게 생각하지 않는지?

결국 '생각한다, 고로 존재한다'는 뜻은 생각이 우선으로 생각을 하니 그로 인해 존재가 있다는 게 아니라, 생각한다는 것은 존재가 없으면 불가능하니 존재가 생각보다 우선이라는 것을 강조하는 것이다. 존재가 선험으로 있기에 후험으로 생각이 있고, 그 생각으로 존재가 있음을 데카르트의 명제로 증명하고 있다.

그에 반해 일체유심조라 하듯 생각으로 일체가 생긴다는 의미는 외부에 아무것도 없었는 데 마음이 백지인 도화지에 그림을 그리듯 일체는 마음에 의해 만들어졌다고 이해할 수 있다. 그러나 그거 아니다. 일체유심조란 '꽃이라 이름하니 꽃이 되었다'는 것처럼 혼돈인 무분별인 세상에 이것과 저것이라는 이름을 마음이 민들어 주었다는 뜻에 가깝다.

우주는 신이 창조하지 않았음에도 스스로 법칙에 의해 흘러가고 있지 않은가. 누군가 신이 창조했기 때문이라 하면 불자는 침묵한다. 창조설과 유물론은 존재를 바탕으로 설명하듯 존재인 우리는 우리 스스로 존재가 어떻게 생기는지를 밝히지 못한다. 존재 세계를 벗어나지 않는한. 그것을 석가세존은 우리의 경계를 벗어난 판단이라 하셨다.

물이 산소와 수소가 결합되어 있다는 것을 실제로 우리가 지금여

기서 증명하지 않았지만, 과학자들이 실험으로 증명했고 지금도 필
요하면 얼마든지 증명할 수 있기에, 우리는 물은 산소와 수소가 화
합되어 있다고 한다. 마찬가지로 부처님과 그의 제자들이 '12처는
심연생'임을 체험으로 확인했고, 지금도 존경받는 훌륭한 불제자들
이 체험하고 있다면.. 비록 우리 스스로 체험하지 못했더라도 그것
은 사실이라고 받아들일 수 있지 않은가. 불자의 믿음은 그처럼 부
처님과 선지식들이 체험하여 증명한 것을 믿는 것이다.

그런 맥락에서 〈잡. 214경〉을 다시 보면,

2. "두 가지 연이 있어서 식(識)이 생긴다. 어떤 것이 두 가지인가?
이른바 [안과 색], [이와 성], [비와 향], [설과 미], [신과 촉], [의와
법]이다.

3. 안(眼)과 색(色)을 연하여 안식(眼識)이 생기니, 그것은 무상하고
유위이며 마음을 연하여 생긴 것이다[心緣生].

4. 만일 색과 안과 식이 무상하고 함이 있으며 마음을 연하여 생긴
것이라면, 이 세 가지 법이 화합하는 접촉, 접촉 뒤의 느낌, 느낌 뒤
의 생각, 생각 뒤의 의도 이러한 모든 법도 다 무상하고 함이 있으며
마음을 연하여 생긴 것이다. 이러한 것들이 이른바 접촉[觸] · 생각[想]
· 의도[思]이다.

5. 이(耳) · 비(鼻) · 설(舌) · 신(身) · 의(意)에 있어서도 또한 그와 같
으니라."

〈214-2〉에 나오는 안과 색 등 2법6쌍인 12처는 구별되는 이름이 있지만 안근과 색경, 사과와 꽃인 존재처럼 구별되고 있는 게 아니다.

사과라는 인식이 생기려면 그것을 보는 자인 안처와 그것으로 보이는 색처가 마음에서 만나 있어야 한다는 것을 추측할 뿐이다. 그런 안과 색이 없다면 사과라는 인식은 콩나물을 보며 생긴 인식이라고 할 수도 있다. 그런 비판을 인도 학파가 실제로 했다. 존재가 아닌 법이라면 사자가 새끼를 낳았는데 토끼를 낳을 수 있다는 식으로. 그것이 아니다.

망막에 맺히는 상이 있기에 뇌로 전해진 그것은 마음 안에서 보는 자인 안처와 보이는 것인 색처로 분별되고 그것을 인식하는 안식계[마음]에 의해 분별이 생긴다. 안식이 생기면 외부에 상이 있어 그것을 본다고 알게 된다.

무슨 말인가 하면

1) 상이 망막에 맺히어 → 망막에 맺힌 상을 우리는 인식할 수 없다. 아직 뇌에 전달이 되지 않았기에

2) 상은 시신경을 거쳐 뇌에 들어온다. → 여전히 우리는 인식하지 못한다.

3) 그것을 분별해 보려는 자가 일어나려면 먼저 분별할 수 있는 기억된 경험 안식이 마음에서 일어난다. → 이때까지도 안과 색은 분별이 일어나지 않고 있다.

〈214-3〉에서 18계가 된다.

4) 안식은 보는 안과 보이는 색과 그것을 분별하는 안식으로 나뉜다. → 이때 비로소 분리가 되니 이름이 입처에서 안계와 색계로 바뀐다. 계가 되었다는 분별할 수 있는 상태로 되었다는 것이다.

18계가 되었다 함은 보는 자인 안이 보이는 색과 분리되어 대상을 분별할 수 있는 상태가 되었음을 말한다.

분별이 된다는 것은 촉이 있고, 수가 있고, 상이 있고, 의[행]이 있다는 것이고 그런 과정을 거쳐 생긴 색을 외부로 투사하여 색이 거기에 있는 것으로 안다.

이 과정을 줄여 말하면 "마음을 연해 법이 생기고, 심연생인 법을 존재로 인식하는 것은 나중에 생긴다"는 게 된다.

또 하나 중요한 의미는 각자의 마음이 다 다르듯 관심과 탐욕의 크기에 따라 외부에 있다고 여기는 색이 각자에게 다르게 보인다.

영화 속 마릴린 먼로를 보면서 누구는 먼저 대상의 눈을 지각하고, 누구는 먼저 가슴을 지각하고, 누구는 먼저 얼굴을 지각한다.

같은 장면을 보면서도 시인이 보는 것과 사진작가가 보는 게 다르다. 그러면서 각자 자신이 본 것을 외부로 투사해 외부에 투사한 모습이 존재하고 있는 것으로 안다.

그리기에 우리 각자는 세계라는 한 공간 안에 있는 것 같지만, 인식한 대상은 다 다르기에 오롯이 자기만의 세계를 만들어 그 세계에 살고 있는데, 본인은 자기가 만든 세계에 모두가 함께 사는 것으로 착각하며 산다.

끼리끼리 모인다는 것은 하나를 다른 것으로 보지만 그런 가운데에도 많이 비슷하게 보고 있는 자들은 공감이 잘되므로 끼리 모이게 되는 것이다.

즉 좌파나 우파 성향인 자들은 본래 세상은 그런 게 아니건만 세상을 좌파 식으로 또는 우파 식으로 만들어 보고 있다. 좌파, 우파가 사는 세계는 같은 하나의 세계가 아니라 전혀 다른 세계라 해도 과언이 아니다.

그 이유는 세계는 그렇게 하나로 존재하는 게 아니라 각자의 마음이 세계를 만들고, 마음이 만든 세계가 외부에 존재하는 것으로 알고 있기 때문에 자기는 진실을 있는 그대로의 사실을 보는 것으로 착각하고 있다. 곧 좌파는 좌파가 본대로, 우파는 우파가 본대로 세상이 존재하고 있다고 믿으며 자기와 달리 보는 자는 잘 모른다고 주장한다. 대승불교는 사람들은 위에서 말한대로 살아가고 있다는 것을 알고, 잘못보고 있는 것을 인정하며 실천하는 불교다.

보살이란 잘못보고 있는 세상의 인식을 흙탕물에 비유하여 보살은 흙탕물에 있지만 거기에 빠지지 않으면서 자비를 실천하는 불자를 말한다. 그러나 위 사실을 바르게 이해하는 것은 쉬운 게 아니므로 이해가 아닌 믿음으로 받아들이고 실천하게 된다.

<잡. 197. 시현경>에는

"비구들아, 일체(一切)가 불타고 있다. 일체가 불타고 있다는 것은 무엇인가?

이른바 안(眼)이 불타고 있고, 색과 안식과 안촉과 안촉을 인연하여 생기는 느낌, 즉 괴로운 느낌·즐거운 느낌·괴롭지도 즐겁지도 않은 느낌도 또한 불타고 있다. 귀·코·혀·몸도 마찬가지이며..."

이른바 탐욕이나 성냄, 어리석음에 비유된 불에 탈 수 있는 것은 존재하는 안근[眼]이 될 수 없다. 오직 마음에서 생긴 눈[眼]이어야만 한다. 귀·코·혀·몸도 존재 근이 아닌 법으로 마음에 생긴 것이어야만 한다.

일체가 존재라면 무아는 없다

새삼 묻는다.

'21세기 종교는 사회에 어떤 의미가 있는가?'

종교 출발을 종교 종사자들은 계시 종교니 자연 종교하면서 신의 계시거나 신의 계시가 아닌 것으로 종교 출발조차 신이 간섭하고 있다.

편견은 내려놓고 한가한 마음으로 바라보자.

근래들어 자연이 주는 재해는 공포스럽다. 과학 시대라 불리는 현재도 이런데 과거에는 어땠을까.

자연에 비해 한없이 약하기만 한 인간을 보며 슈퍼 파워에 대한 믿음이 생긴다. 누구는 자연 그 자체를 섬기며 믿으려 하고, 누구는 자연에 인격을 부여하여 믿으니 그것을 신이라 했다. 다행히 신은 인간을 실망시키지 않아 신을 향해 빌면서 부탁을 하면 마치 들어주는 것과 같은 일이 종종 발생했다. 신의 계시를 받고 배를 만들어 홍수 속에 살아났다는 노아의 배처럼.

오오 내가 열심히 신님에게 빌었더니 도움을 주었구나.

인도나 일본에는 팔만 여 신이 있다고 하는데 아프리카에는 그만 큼 없을까?

우리에겐 조상 신은 물론 부뚜막 신이 있고 삼신이 있고, 바다·강 ·호수 신 등 수많은 신이 있다.

그러니 계시 종교라 하는 것은 한참 인류 역사가 진행된 이후에 생긴 것으로 고등 신이라 하는 이유가 된다.

그런데 우매한 인간들의 오만과 질투는 오직 자기들 믿는 신이 최 고라 주장하면서 그렇게 주장하고 그것이 먹혀야만 자기들 종교가 세상에 우뚝 솟을 수 있는 탄력을 받기 때문이지만.

그럴싸 하지만 모순 투성이 논리로 무조건 신을 믿으라고 강요하 는 오류와 만행을 저지른다. 과학의 발전은 신의 영역으로 알고 있 던 것을 인간의 지식으로 증명하고 알아내는 것이라 할 수 있다.

현대 과학은 인류가 해결한 일, 해결해야 할 일, 나아가 해결할 수 없는 일을 구분하여 가르치고 보여주니 현대 교육을 받은 이들은 점 점 더 종교보다 과학에 신뢰를 갖는다.

인간이 삶에서 경험하는 공포를 두 가지로 요약하면 몸에 대한 공 포와 정신[의식]에 대한 공포가 보인다. 현대에 이르러 인간의 지혜 가 집약된 과학이 일반화 되면서 물질인 몸에 대한 공포는 과학이 많은 부분을 해결해 주는 시대가 되었다. 몸의 생명을 앗아가는 코 비드 19라는 무시무시한 전염병 앞에 전전긍긍하던 지금의 과학이지만 그런 물질에서 생기는 공포는 과학이 해결해 줄 것으로 사람들은 믿고 있으며 그야말로 젊은 몸으로 천 년을 살 수 있는 시대가 올 수 있지 않을까 하는 기대도 갖게 한다. 과학은 물질 분야 뿐 아니라 정신적 영역에 대한 연구도 활발하다. 그러니 언젠가는 의식 영역 또한 과학이 담당하게 될 것이다. 그리되면 절이나 교회, 성당인 종교 건물은 실생활과 멀어지고 그저 과거 역사를 보여주는 기념적인 장소인 골동품으로 관광지 정도가 되지 않을까?

물질로 존재하는 모든 것은 인공지능인 AI를 앞세운 과학이 컨트롤할 것이다. 그 세계가 인간에게 지금보다 더욱 스트레스이든 아니면 축복으로 다가오든.

신을 믿는 종교는 창조주가 나온다. 일체 존재는 창조자가 만들었다고 주장한다. 과학은 종교에서 말하는 창조자가 있는 지를 발견하려고 했지만 아직 발견하지 못했을 뿐 아니라 창조자는 없다는 결론을 99% 내리고 있다.

불교는 과학처럼 창조자를 언급하지 않으면서 현재 의식과 의식의 바탕이 되는 마음을 가르친다.

만일 과학이 불교를 온전히 포섭하려면 과학은 생각의 출발이요 바탕이라 할 수 있는 마음을 온전히 밝혀내어 마음 문제를 해결할 수 있어야만 한다. 그런데 그게 가능할까.

인간은 몸과 정신의 이원적 존재라 하여, 정신의 능동적인 능력인 의(意)와 수동적인 식(識)은 형이상학이라 하여 탐구하고 연구 대상이 되는데 의식의 기반은 물질인 몸과 감각기관으로 의식의 기반인 비물질인 마음은 없다고 주장하는 유물론자이면 모를까, 비존재인 마음을 인정한다면 과학과 종교가 생기도록 한 마음이라 불리는 것을 무엇을 도구로 탐구할 수 있을까.

사띠sati란 나의 행주좌와 어묵정동인 일체 행동을 바라보는 것을 지칭한다. 그런 사띠를 과학은 무엇을 도구로 밝혀낼 수 있을까? 현대 양자역학은 의식의 간섭으로 관찰 대상이 변하는 것까지 증명했다고 하는데, 대상을 변화시키는 마음을 어떻게 대상으로 삼고 탐구할 것인가.

현대 과학은 그럴 수 없다. 정직한 과학자라면 그런 마음에 대해 침묵하리라.

지구상의 모든 종교가 물질인 몸과 정신을 기반으로 전제하고 그 위에 그것이 영원한 행복이나 평화를 누릴 수 있는 미래를 제공하는 구조로 풀어가는데, 석가모니의 특출한 점은 출발점으로 존재인 몸과 정신을 기반으로 삼고 있지만 비물질 마음이 나와 세계의 기반이 되고 그것이 열반에 이를 수 있음을 보여준다.

그 말은 비물질적인 것으로 보이는 신의 존재를 기반으로 삼고 있는 종교는 물질을 기반으로 하는 과학의 도전을 받으면 위태로워질 수밖에 없는 조건이지만, 불교는 존재를 기반으로 삼고 있기에 과학과 충돌하지 않으면서 비물질인 마음으로 그 영역은 아직 현대 과학이 들어올 수 없는 영역에 머물고 있는 게 된다.

　남방 불교는 12처를 심연생이 아닌 물질인 감각기관과 비물질인 의와 법으로 가르쳐 과학의 영역에서 벗어나지 않는다. 해서 인도에서 불교가 힌두교에 먹힌 것처럼 과학이 남방불교의 모든 것을 대치할 수 있다. 그러나 근본불교에서는 과학 세계인 존재 세계를 유전문에서 그리고 과학이 도달하지 못한 비물질인 마음을 핵심으로 하는 환멸문을 가르치므로 과학의 대상이 되며, 과학이 가야할 미래의 방향을 제시한다.

　아무튼 신을 우선하는 기독교와 같은 종교는 인간을 우선하는 과학과 상충하지만, 불교는 인간을 우선하므로 둘은 갈등없이 상호공존하면서 미래 사회를 밝혀 나아갈 수 있는 최선의 도구요, 길이요, 목표가 된다.

　한편 조선시대는 배불정책을 펼치는 시대였기에 자칫 잘못하다가는 한반도에서 불교가 사라질 수 있는 위기 상황이 되었다. 그럼에도 불교는 살아남았는데 알다시피 당시 기술로는 치료할 수 없는 질병이나 우환을 벗어나길 비는 기복 불교와 개인적 수행인 선종으로 원효 선배님이 펼친 대승불교와는 거리가 먼 불교였다.

　그와 같은 기복 불교는 신을 믿는 종교와 다를 바 없어 기독교가 들어오자 구식과 신식이 있으면 신식에 손이 가듯 기독교인으로 개종하고 당장의 쾌락을 즐기는 화려한 현대과학에 신도가 넘어가니, 오백 년이란 헤아릴 수 없는 긴 시간동안 박해를 받으면서도 살아남았던 불교가 21세기 들어와 가파른 경사 언덕 내리막 길을 만난 듯 무너지고 있다.

 냉정히 말해 신의 종교인 기독교와 현대 과학이 불교를 대체할 수 있다면 굳이 불교가 지금 여기에 있을 이유가 있을까? 불교가 지금 여기에 있으려면 신의 종교와 현대 과학이 해결할 수 없는 무언가 우리에게 간절히 필요한 무언가가 있어야만 한다.

 그 무엇이란 마음 법이다.

 불교에는 존재가 아닌 마음인 법을 가르치고, 그 때 법은 과학이나 다른 종교가 가르치지 않지만 우리에게 꼭 필요한 것이므로 불교는 사람들이 이해하고 깨쳐야만 한다.

 자연 재해는 내일 지구가 멸망할 듯 공포로 다가오고, 현대 과학은 인간 능력을 넘어선 AI라는 괴물을 만들어 이제 인간을 공포로 몰고 가는데 이때 우리가 알아야만 하는 게 있다면 바로 마음인 법을 바르게 이해하고 실천하며 사는 길이다. 그래야 사랑과 행복이 숨쉬는 나날이 올 수 있다.

 본론으로 돌아와 존재와 마음에서 생긴 법의 차이를 이해하지 못한 채 설명하는 불교는 올바른 불교가 아니다. 예를 들면 비행기를 타고 서울에서 뉴욕으로 가는데 그 비행기에 대해 아는 게 없는 것이다. 뉴욕에 갈만큼 기체는 안전한지, 연료는 충분한지, 뉴욕에 정말 도착할 수 있는지, 그러기에 중간에 누가 그것에 대해 의문을 제시하면 본인도 의심이 생겨 주춤하거나 다른 비행기로 갈아타게 된다.

 『법화경』 비유품에 나오듯 아버지는 멀리 여행을 떠나며 자식이 충분히 입고 먹고 잘 수 있는 충분한 머니를 은행에 입금해 두었는데, 자식은 그것을 모르고 아주 가난하게 살고 있는 것이다.

6근6경 존재와 12처인 마음의 차이를 이해해야만 한다. 아버지가 은행에 입금해 둔 머니를 찾는 패스워드에 해당하는 마음인 법에 대한 바른 이해를 해야만 한다.

왜 세존께서는 존재를 지칭하는 6근 6경이 있음에도 불구하고 12처 라는 말을 새로 만들고 그것들을 진리인 뜻의 법이라는 말로 표현했을까?

'연기를 보면 법을 보는 것이고, 법을 보면 연기를 보는 것이다.'

이때 법은 진리라는 뜻으로 연기는 진리라는 것을 강조하고 있는 게 된다.

그러면서 법은 2법6쌍, 18계, 5온을 뜻한다. 곧 연기를 본다는 것은 2법6쌍에 의해 일어나는 18계, 5온이 어떻게 생기는지 바르게 본다[정견]는 것이다.

12연기법에 나오는 각각의 지[법]는 연기법을 함축하고 있다. 하여 12연기법에 나오는 촉을 보면..

촉이 생긴 것은 6처를 연해 생긴 것이 보이고[6처연촉], 촉을 연해 수가 생기는 것[촉연수]을 본다.

그 말은 18계, 5온 일체 각각은 곧 연기로 인해 일어난 것으로 그 각각이 곧 진리라는 것이다.

일미진중함시방에서 티끌 하나는 십방 세계 우주를 포함한다는 것은 티끌 하나하나가 진리라는 것이니 숨을 쉬고 한 걸음걸음이 곧 진리요, 즐거움이요 신비요 환희가 아닐 수 없다. 이렇듯 일체가 그대로 진리임을 알면 어느 하나 가벼이 소홀히 대할 수 있을까.

『법화경』에 나오는 상불경 보살님은 만나는 사람들마다 "당신은 부처님이십니다" 하는 말이 떠오르지 않는지.

2법 6쌍인 12처는 무상이요 무아다.

어느 한 찰나라도 멈추고 있지 아니한다.

그러니 있다고 말할 수 있는 게 아니다.

일체가 존재라면 그 무엇 하나 무아가 아니다.

무아가 아닌 것으로 아는 것을 존재라 부르듯, 존재 세계에 머물면 존재에 대해 좋아하거나 싫어하거나 덤덤한 느낌이 있기 마련이고, 그것은 존재이기에 내 마음대로 다룰 수 없으며, 무시할 수가 없다.

석가 수행자가 6년 고행을 했지만 깨치지 못했던 부분이 바로 법을 존재로 인식하고 있다는 것이었다. 석가 수행자가 부처님이 되었다는 것은 존재인 줄 알던 것들이 모두 법임을 깨쳐, 마음으로 다룰 수 있게 되었다는 것이다.

부처는 부처만이 알아볼 뿐, 중생은 부처를 알지 못한다고 한다.

왜일까?

석가모니는 35살에 부처를 이루고 생사를 벗어났다고 하는데, 80살에 죽었다고 한다. 그것이 어떻게 생사를 벗어난 것인가? 하고 많은 사람들이 의문을 일으킨다.

부처는 법으로 있는 것인데, 중생은 법인 줄 모르고 부처를 존재
로 알아 존재처럼 인식한다.

그러니 어떻게 법인 부처를 알아 볼 수 있겠는가.

축의 시대는 어떤 변화가 일어났는가

독일 철학자 칼 야스퍼스는 기원전 8세기부터 기원전 3세기 까지를 동서양에서 인류의 정신적 발전 비상이 일어났다고 하여 그때를 '축의 시대(Axial age)'라고 이름했다.

축이란 바퀴의 중심으로 그 전은 신이 중심이었는데 이제는 인간이 중심이 되었다는 선언이다. 서양에서는 탈레스, 소크라테스, 플라톤이, 중동에서는 자라투스트라, 인도에서는 석가모니, 마하비라 동 아시아에서는 노자, 장자, 공자, 맹자 등이 등장한다. 그런데 진짜 핵심은 그런 훌륭한 인물들이 태어났기에 축의 시대라 하는 게 아니라, 그런 훌륭한 자들을 이해하고 존경하는 민중이 많아졌고 그것을 전승했기에 축의 시대가 되었다.

역사는 민중이 바꾸는 것인데, 역사기록은 영웅이 역사를 바꾼 것처럼 기술한다.

그 기간은 철기 문화가 보편화되며 경제의 비약적인 발전으로 사유할 수 있는 여유 시간이 늘어나 인간 스스로에 대한 관심과 이해가 늘어났다.

그와같은 현상은 자연에서 그저 허약하고 불안전한 인간으로 신의 피조물이거나 신의 장난감처럼 여기던 인식을 바뀌게 하였다. 비씨 7세기 이후 동서 지역 간의 이동과 교역이 증가하면서 지식의 교환 역시 일어나는 가운데 자연과 인간을 있는 그대로 탐구하는 선구자들이 나올 수 있는 조건이 된 것이다.

그들은 만물은 신이 창조했다는 주장에는 입을 다물고 일체가 생기는 최초인이 무엇인지에 생각이 미쳤다. 처음에는 제일원동인으로 하나를 주장했지만, 그것은 정리되어 하나가 아닌 수지화풍 네 가지 물질 원소와 정신이 근본이 되어 그들의 결합과 화합으로 일체가 생겨났다고 주장하니 그들을 자연철학자 또는 유물론자라고 하는데 그 핵심은 인간 중심이다.

그러면서도 동서양의 차이가 있었으니 서양에서 일체는 존재인 원소 결합과 화합에 초점을 맞춘 반면에 동양은 존재를 있게 하는 원리인 태극과 오행의 순리와 역리의 핵심인 에너지(기) 흐름에 중점을 두었다.

그런 가운데 불교는 아주 독특하다.

일체는 신의 선물이라는 창조설과 그것을 부정하는 과학적인 유물론이 축의 시대 이후 지금까지 이어오며 대립하고 있는데 그 둘은 신 중심과 인간 중심이라는 차이가 있지만 공통점도 있으니 "생각한다, 고로 존재한다”는 말에서 보듯 주체에게 관찰되는 대상인 존재 세계를 전제하고 결과를 이끌어 내고 있다는 점이다.

〈잡. 1307. 적마경〉에 이런 내용이 나온다.

그 때 그 적마 천자가 부처님께 여쭈었다.

“세존이시여, 혹 세계의 끝을 지나가면 나지도 않고 늙지도 않으며 죽지도 않는 그런 곳에 이를 수 있습니까?”

부처님께서 적마에게 말씀하셨다.

“이 세계의 끝을 지나간다 해도 나지도 않고 늙지도 않으며 죽지도 않는 그런 곳은 없느니라.”

적마라는 이름의 천신은 그의 신통력으로 빅뱅으로 시작해 팽창하고 있는 우주 끝에 이르고 그 밖에 있을지도 모를 영원한 천국에 가려고 했지만 실패했다. 해서 부처님을 찾아와 ‘우주 밖에 영원한 천국’이 있느냐고 묻는다. 부처님의 대답은 간단하다.

“없다.”

부처님은 그의 신통력으로 이미 우주 밖을 가 보았을까? 가 보지도 않고 없다 또는 있다고 할 수 없으니 말이다. 그런 의심을 할 수밖에 없는 천신에게 부처님은 이렇게 설명한다.

부처님께서 적마에게 말씀하셨다.

“나는 지금 한 길[尋] 밖에 안 되는 몸으로, 세계와 세계의 발생과 세계의 소멸과 세계의 소멸에 이르는 길을 설명하리라. 적마 천자여, 어떤 것이 세간(世間)인가? 5온을 말하는 것이다."

나, 세계, 우주는 이미 거기에 존재하는 게 아니라, 5온에 의해 생기는 것[법]이다. 그러기에 5온을 깊이 관찰하면 나, 세계, 우주의 생과 멸을 관찰할 수 있다고 한다. 그러니 우주 밖에 있지 않을까 하는 '영원한 천국'이란 존재는 없다.

있다면 너의 5온인 의식 속에 있을 뿐이다.

석가모니는 천신이나 유물론자들과 달리 일체란 존재하고 있는 게 아니라, 관찰자와 대상이 만나 생기는 것이라 했다.

그러나 21세기에 사는 대부분의 사람들도 적마 천신처럼 여전히 나와 세계는 인식하기 전에 선험적인 존재임을 의심하지 않는다.

석가세존은 그것은 세계를 6근6경 존재 세계로 착각하고 있는 것이니 착각에서 깨어나려면 세계는 심연생인 12처에 의해 생기는 법임을 분명히 스스로 관찰하라 했다.

반복하지만 사람들은 이렇게 듣고 이렇게 알고 있다.

우주는 빅뱅으로 시작되어 지금도 팽창하고 있다. 그리고 우리는 이제 우주여행을 본격적으로 시작하는 세기에 있다고. 한편에서는 삼라만상은 창조주가 만들었으면 인간은 창조주의 피조물로 행복을 원한다면 창조주 뜻대로 살면 된다고.

저와 같은 과학적 사고와 창조론은 나의 외부에 나가 아닌 세계가 존재하고, 나는 그것을 알 수 있다는 경험에서 생긴 것으로 누구도 부정하기 어려울 뿐 아니라 세상 대부분의 사람들이 같은 생각을 하고 있기에 당연히 그런 것으로 받아들이고 있다.

오히려 일체가 세계가 외부에 존재하는 게 아니라 2법의 접촉으로 생긴다는 석가모니 가르침이 불편하다.

그런 헷갈림을 조금이라도 줄여주기 위해 석가모니는 6근6경이란 말 대신에 2법6쌍인 12처라는 새로운 용어를 만들고 그것으로 생기는 세계를 법 세계라 하여 일반인들이 의지하고 있는 세계관인 존재 세계와 다른 세계를 보여주었다. 그러나 여전히 낯설어한다.

법 세계란 인식이 생기기 전 이미 존재하고 있는 세계가 아니다. 6근과 6경 아니 2법 6쌍이 접촉하여 생기는 세계이며 그렇게 기억되는 세계다.

이 말이 이해가 된다는 것은 세계는 하나로 우리는 그 세계 속에 살고 있는 게 아니다.

우리는 우리가 만든 세계 속에 살고 있을 뿐이므로.

세계는 하나가 아니라 삼천대천 세계라 해도 부족하다.

문학에는 옴니버스라 하여 하나의 버스 안에 탄 손님들이 눈앞에 펼쳐진 사건을 접촉해 각자 다르게 이해하고 반응하는 것을 모아논 작품이 있는데 그게 바로 우리 현실이요 세계라고 하는 것이다.

우리는 같은 조건에서 태어나 같은 환경에서 자랐으므로 비슷한 생각과 견해와 상식을 같고 있다는 믿음이 있는데 실은 화성에서 온 남자와 금성에서 온 여자가 만나 살고 있는 것처럼 보거나 생각하는 것이 작은 것부터 큰 것까지 달라도 너무 다르다.

우리가 같거나 또는 비슷하다는 이유는 이미 존재하는 하나의 세계에 살고 있기 때문이라면, 매우 다르다고 하는 것은 존재하고 있는 세계가 아닌 2법에 의해 만들어지는 세계이기 때문이다.

2024년 12월 3일 계엄령이 선포되었을 때 누구는 잘했다고 하지만 대부분의 국민이 잘못된 것이라고 판이하게 갈라지는 이유 역시 세계는 존재하는 게 아닌 2법에 의해 만들어지는 세계이기 때문이다. 그 말은 누구에게 계엄령은 해야만 하는 것이었고, 또 누구에게는 계엄령은 하지 말아야만 하는 상반된 판단이 나오게 한다.

12연기법에서 유전문이란 시간과 공간 속에 우리가 존재하는 것으로 인정하고 그 안에 인과 연에 따라 결과가 생기는 것을 보여주는 법이다. 시간과 공간과 내가 존재한다고 인식하는 것은 무명이 있기 때문이라 하며.

만일 석가모니가 발견한 12연기법이 이것뿐이라면 석가모니는 노자나 소크라테스 또는 예수처럼 성인으로 존경받을 뿐, 하늘과 인간의 스승이라는 부처님 칭호로 불리지 않았으리라.

12연기법에는 환멸문이 있다.

환멸문이란 무명을 멸하면 시간과 공간이 멸하고, 너와 나 세계가 멸하는 법이다. 그러기에 일체 괴로움이 멸하고 갈등에서 벗어날 수 있다. 그것이 참인지 아닌지는 '여기에 와서 나[여래, 무아]를 보라'고 했다. 그와 같은 환멸문을 석가는 발견하고 전했기에 원효 선배님이 환호하셨고, 의천, 지눌 큰스님이 추천하고, 성철큰스님이 권하는 게 아닌가.

12연기법의 유전문과 환멸문 이해는 세계를 6근 6경 존재로 알고 있어도 가능하다.

그러나 무명을 멸해 무아를 깨쳐 증득하려면 6근 6경에서 벗어나 반드시 마음에서 생긴 2법 6쌍인 12처를 이해하고 깨달아야만 가능한다.

신 중심에서 벗어나 인간 중심인 축의 시대는 석가모니에 의해 완성되었으나 21세기에도 여전히 화두인 까닭은 나와 세계는 현재 진행형이 아닌 선험적 존재라는 무명에서 벗어나지 못하고 있기 때문이다.

12처가 멸하면

싯다르타 왕자가 왕이 되려는 노력보다 다른 생각에 골몰하는 게 불안했던 슈도다나 왕이 왕자를 불러 묻는다.

"싯다르타야, 지금 너를 불안하게 만들고 있는 게 무엇인가? 우리 함께 풀어보자꾸나."

"왕이시여, 저는 지금 생로병사에서 생기는 괴로움을 겪고 있습니다. 제가 늙고 병들고 죽음에 이른다는 고통의 문제에서 헤어 나올 수 있습니까? 그리되면 행복할 것입니다."

"왕자야, 그 문제를 풀 수 있다면 내가 왕 자리에 앉아있겠느냐? 벌써 그 길로 달려갔지. 그 문제는 인간 몸으로서는 해결할 수 있는 게 아니란다.

너는 왕이 되어 선정을 베풀어 백성이 행복하고 풍족하게 해 주면 죽어서 천신이 될 것이요, 그러면 많은 괴로움이 사라질 것이다. 그러니 여기서는 좋은 왕이 되도록 노력해야만 하리라."

"알겠습니다." 하고 자리를 물러나왔지만, 그는 죽어서 천신이 된다는 것은 축복받을 일이지만, 그로서는 그 답에 만족할 수 없었다.

외아들로 자기가 왕이 되지 않으면 이 나라가 어떻게 될지 모르는 바가 아니지만 왕이 되는 게 최선의 답이 아닌 것으로 보여 그는 모두가 잠든 새벽 모든 것으로 버리고 출가를 감행한다.

출가하여 명상법을 배워 최고의 명상 마스터가 되었고, 온몸으로 받아들인 6년 고행으로 겨우 숨만 붙어 있는 지경에 이르렀지만, 출가할 때 세운 **'일체 괴로움을 끊고, 모두를 행복하게 하리라'** 하는 목표에 이르지 못했다.

무엇이 잘못되었을까?

6년이나 수행하던 고행림을 떠나 보리수 아래에 자리를 펴고 앉은 까닭은 '내가 없으면 무슨 괴로움이 있을쏜가' 하고 이미 알고 있었지만, '나 ego'를 살아서 없앤다는 것은 불가능으로 여기고 있다가 문득 '나'는 보고, 듣고, 만지고, 느끼고 기억하는 데이터가 많이 쌓이면 그 데이타가 스스로 일으킨 자각임을 알고, '나'는 부모로부터 태어날 때 함께 있던 게 아닌 경험과 기억이 쌓여 '나'라는 지각이 생긴 것인지를 생생히 관찰하려는 것이었다.

하여 먼저 보고 아는 게[안식 2] 어떻게 생기는지 그 과정을 세밀히 관찰하니, 보는 자[안]와 보이는 대상[색]이 만나면 그것을 알 수 있는 경험[안식 1, 범주]이 일어나 안식 2가 생긴다는 것으로 관찰했다.

이때 보는 자[안]와 보이는 대상[색]은 깜깜한 뇌 안에서 만나고 있는 것으로 몸의 눈[안근]과 외부에 있는 대상[색경]이 아님을 관찰했다.

그뿐 아니라 뇌 안에서 작용하고 있지만 실은 마음[식] 안에 들어와 만나고 있음을 관찰하니, 보는 자[안입처]와 보이는 대상[색입처]은 마음을 연해 일어난 것임을 깨달았다.

이렇게 마음을 연해 생긴 보는 자가 쌓이면 그것을 보는 '나'라고 하는 것임을 분명히 관찰했다.

그리고 마음에 생긴 대상은 외부로 투사하여 자기가 생각한 모습대로 존재하고 있는 것으로 아는 것임도 분명히 관찰했다.

다른 감각기능인 듣는 자, 냄새 맡는 자, 맛 아는 자, 촉한 자 역시 같다는 것도 분명히 관찰했다.

고로 보는 자와 보이는 대상은 살아있는 마음에서 생긴 것이지, 부모로부터 태어나면서 존재하는 게 아님을 분명히 관찰했다.

만일 보는 자가 마음에서 생긴 것이라면 원하지 않는 것인 괴로움이 생기게 하는 보는 자는 생기지 않도록 할 수 있지 않을까?

괴로움을 생기게 하는 게 무엇인지 깊이 관찰하니 그것은 탐욕과 무지임을 관찰했다.

239. 결경(結經)

이와 같이 나는 들었다.

어느 때 부처님께서 비사리의 미후지 곁에 있는 2층 강당에 계셨다.

그때 세존께서 모든 비구들에게 말씀하셨다.

"내가 이제 결박되는 법과 결박하는 법에 대하여 설명하리라.

어떤 것이 결박되는 법인가? 안과 색·이와 성·비와 향·설과 미·신과 촉·의와 법이니, 이것을 결박되는 법이라고 한다.

어떤 것이 결박하는 법인가? 욕망과 탐욕을 말하는 것이니, 이것을 결박하는 법이라고 하느니라."

부처님께서 이 경을 말씀하시자, 여러 비구들은 부처님의 말씀을 듣고 기뻐하며 받들어 행하였다.

정말 짧은 경이지만 부처님 45년 설법이 다 녹아있는 법문이 아닌가. 〈잡. 214. 이법경〉을 공부할 때는 〈214경〉에 부처님 법이 다 녹아 있다고 하더니.

남방불교에서 불교 핵심을 말하라고 하면 『니까야』전부가 핵심이라고 답하는 것에 고개가 끄덕여진다. 『잡아함경』의 하나 하나가 불교 핵심이기에.

탐욕과 무지를 없애고 보니, 탐욕으로 일어난 2법이 사라지고 그야말로 일체는 그대로 인연따라 일어나고 사라진다.

탐욕이 다 한 후 2법 6쌍이 사라지나?

볼때 보는 자[안처]와 보이는 대상[색처]이 만나 본다는 촉이 생기지만, 보고 나면 안처와 색처는 사라진다.

조건이 맞으면 구름이 생기듯, 볼 때는 보는 마음과 보이는 마음이 일어나 봄이란 안식이 생기고, 보지 않으면 생겼던 구름이 사라지듯 안처와 색처는 사라진다. 안식은 기억으로 남아 업을 일으키는 원인이 된다. 그러나 업을 일으키는 안식은 존재가 아닌 마음에 생긴 것이므로 수행을 하면 지금여기서 멸할 수 있다. 더군다나 업을 일으키는 12처는 존재가 아닌 마음으로, 12처인 마음을 다스리면 일체 괴로움이 머무는 자아가 생기지 않도록 할 수 있다.

괴로움이 일어나고 머무는 '나'가 생기지 않는 것이다.

즉 괴로움이 머물지 않는다!

공간은 시간에 멈추지 않는다

우리는 부처님 하면 대부분의 불상이 그러하듯 신체 건장한 중년 남자를 떠올린다. 예수님 하면 서른 살쯤 청년을 떠올리고.

석가 부처님은 세상에 아기로 태어나 청소년기를 보내고, 결혼하고 출가하여 부처님이 되시고 법을 전하다 80세 노인으로 돌아가셨다. 예수님은 역시 아기로 태어나 청소년기를 지나 서른세 살로 세상을 떠났다. 만일 80세까지 살았더라면 석가 부처님처럼 노인 모습도 전하겠지.

그러니 석가모니 부처님 모습을 말하려면 아기로 태어나 젊음을 보내고 노인으로 돌아가시는 전 과정의 모습을 말해야 하는 게 아닌가. 예수님 또한 마찬가지고.

물론 우리가 절에서 만나는 접하고 있는 석가의 순간적인 모습이 석가가 아니라고 할 수는 없다.

그리고 어제 모습과 오늘 그리고 내일 모습이 전혀 다른 것도 아니니.

그러나 분명한 것을 원한다면 순간적이라도 같은 모습은 결코 없다. 석가나 예수는 한 찰나지간이라도 같은 모습으로 있었던 적이 없다. 한 순간도 멈추지 않고 변해가는 것을 무상[anitya(Skt), anicca(P)]이라 한다. 우리가 알듯이 찰나지간이라도 멈추며 변하는 것은 곧 존재하며 변하는 것은 무상asassata이라 했다.

우리는 많은 사진을 찍고 담는다. 주변에 있는 꽃들을, 여행하다 만나는 재미있는 것들을, 사진에는 어느 순간에 있었던 모습과 벌어진 사건을 담고 있다.

그런 사진은 바로 존재를 증명하는 것이 된다. 그런데 사진 속에 있는 그 모습이나 사건은 지금 어디에 있는가? 사진인 존재처럼 일체가 존재하는 것을 사싸따 sassata라 하는데, 존재하지만 나뭇잎이 계절에 따라 변하니 무상 asassata이라 했다. 그러나 그 무엇도 찰라지간이라도 존재하며 변하는 것은 없다. 존재한다고 믿는 것은 사진을 사실로 알듯 마음이 우리에게 착각하도록 가스라이팅한 것과 같다. 아니 스스로 세뇌당한 것이 맞지만.

태평양이나 대서양 바닷물은 수십억년 거기에 있는 것으로 알지만 한 번도 같은 모습은 없다.

해나 달, 별 역시 그렇다.

그런데 어찌 흘러가는 가운데 어떤 순간을 또는 찰나지간에 있던 모습을 석가모니 또는 예수라고 하고, 우리는 그 모습을 석가나 예수로 아는가?

자연은 한 순간도 같은 모습인 적이 없으나 인간은 그것을 존재로 보아 분석하고 종합하여 이해하려 했으니 인류 문화의 발전은 바로 분석과 종합인 노력의 산물이라 할 수 있다.

그러나 어떤 분석과 종합도 있는 그대로 그 자체를 고스란히 전할 수는 없다. 법 무상이지만 그것을 존재 무상으로 받아들이니 스트레스가 자란다.

빛이 있으면 그림자가 생기듯, 일체를 존재로 보며 그것들에 대한 분석과 종합은 문화 번영이라는 선물을 주었으나 그와 함께 번뇌라는 스트레스를 함께 주었다.

본래 한 순간도 머물지 않고 변하는 무상인 것을 마치 사진처럼 존재하는 것으로 취급하여 취하려 하거나 버리려 하니 존재 무상에 젖어 즐거움도 있지만 고통이 따른다.

서양 철학의 시작은 '있는 것은 존재하는 것이고, 없는 것은 존재하지 않는 것이다. 우리는 오직 있는 것만 알 수 있다' 하여 법 무상으로 변하며 흘러가고 있는 것을 사진처럼 존재라 하여 존재 철학으로 시작하였으니, 본래 법 무상인데 그것을 존재라 하여 스톱시켜 놓은 서양 철학은 구름을 잡으려는 학문처럼 끝없는 영원한 항해를 할 수밖에 없지 않을까.

법을 존재로 알면 좋으면 취하려 하고, 싫으면 버리려 한다. 필요 이상 취하려는 것은 탐욕으로 괴로움을 낳는다. 법을 존재로 아는 것은 무지다. 고로 무지와 탐욕은 괴로움을 낳는다.

석가모니의 출가 목적은 괴로움 멸이었듯이 법을 존재로 아는 무지를 멸하고, 존재가 아니므로 탐할 수 없는 것으로 알아 탐하는 마음을 멸하여 일체 괴로움에서 벗어날 수 있었다.

석가모니 부처님께서 '있다 없다가 아니라 중도[유무중도]'라 하신 것은 당시 인도 역시 서양 철학처럼 무상한 것을 존재로 인정하며 시작한 것을 비판한 것이다.

반복하지만 괴로움은 물론 즐거움 역시 그런 법 무상을 망각하고 마치 머물고 있는 존재로 여길 때 생긴다.

존재라고 할 때 생기는 게 분별이다.

분별될 수 있는 근거는 어느 시간 동안 변하지 않고 있다는 존재를 인정할 때 가능하다.

흐르는 물을 있는 그대로 사진에 담을 수 있는가.

만일 있는 그대로 무상을 인정하고 있으면 괴로움은 머물 곳이 없다.

『신심명』의 첫 번째 구인 '지도무난(至道無難) 유혐간택(唯嫌揀擇)'을 풀이하면, 이것과 저것으로 좋다 또는 싫다고 분별하지 않으면 괴로움은 생기지 않는다는 것이다.

흔히 '시간이 약'이라고 하여 어떤 괴로움도 끝까지 머무는 것은 없음을 보여준다.

그런데 존재 무상이 아닌 법 무상을 바르게 본다면 어떤 괴로움도 머물지 않는다.

일체는 존재가 아닌 무상인데 어떻게 사람들은 그것을 존재라고 인식하는 걸까?

"일체는 12처(處)인 안과 색(眼色), 이와 성(耳聲), 비와 향(鼻香), 설과 미(舌味), 신과 촉(身觸), 의와 법(意法)]에 의해 생기니, 이것을 일체라고 한다. 〈잡.319. 일체경에서〉 만일 일체가 존재라면 일체는 색, 성, 향, 미, 촉의 모습과 성질을 독립적으로 갖고 있는 게 된다.

그러나 일체는 존재가 아니면서 존재처럼 드러나니 그 이유는 안과 색이 만나 색이라는 존재로 분석종합되고,

이와 성이 만나 소리라는 존재로 분석종합되고,

비와 향이 만나 향기라는 존재로 분석종합되고,

설과 미가 만나 맛이라는 존재로 분석종합되고,

신과 촉이 만나 촉이라는 존재로 분석종합되고,

의와 법이 만나 법이라는 존재로 우리에게 분석종합되어 인식되기 때문이다.

그렇게 인식이 생기면 우리는 주체와 관계없이 외부에 색과 소리와 향기와 맛과 촉이 되는 존재가 있다는 것을 의심하지 않는다.

부처님 당시 선정[사마타]은 존재로 알려지는 일체를 존재가 아닌 주체와 대상이 만나 생긴 법임을 분명히 관찰하기 위해 일상적인 마음을 순일하게 만드는 작업으로 사마타를 활용했고, 마음이 순일한 상태가 되면, 눈으로 외부에 있는 사물을 보는 것으로 아는 게 아닌 마음속에 생긴 안과 색이 만나 안식인 색이 일어나는지를 관찰하는

위빠사나를 행하도록 하였다.

불교의 삼학인 계학, 정학, 혜학을 보면 계학.. 항상 선행을 가까이하며 악행을 멀리하는 계와 율을 지킨다. 왜냐면 탐욕은 본인은 물로 상대를 해쳐 괴로움을 일으키는 흉기와 같기 때문이다.

정학은 깊은 선정[사마타]만으로도 마음이 정화되어 괴로움이 사라져 행복을 누릴 수 있지만, 본래 목적은 바른 관찰[위빠사나]을 하려는 것이다.

혜학은 부처님 가르침인 마음에 생긴 12처, 18계, 5온을 관찰하여 [위빠사나] 구경 목표인 무상과 무아를 깨치고 모든 괴로움을 멸하는 것이다.

『잡아함경』을 보면 제자가 선정에 들어 위빠사나를 행하다 생긴 의문이 있으면 부처님께 다가와 그 의문을 묻고 답을 구하는 장면이 곳곳에 나온다.

이렇게 완벽하게 보이는 불교가 어떻게 존재를 바탕으로 하는 힌두교나 이슬람교에 의해 인도에서 기운을 잃었을까?

'12처라 쓰고 6근 6경이라 읽는다' 는 글을 쓰며 보니, 날아오는 화살이 보이면 일단 피하고 보듯, 나를 죽이고 살리는 화살을 존재라고 하지 않으면 일상 삶에서 존재할 수 없음을 알기 때문이 아닌가 한다. 괴로움을 멸한 세상인 출세간을 부정하지 않지만 현실에서 생존은 존재를 바탕으로 하는 세간이다.

그러기에 세간을 무대로 하는 대승불교가 방편으로 나오는데 인도인에게 대승불교는 힌두교와 별 차이가 없어 보이니 둘 가운데 그들은 불교를 버리고 힌두교를 선택한다.

진리가 사람을 선택하는 게 아니라 사람이 진리를 선택한다.

방편이 진리인 까닭은 방편이 진리를 우선하기 때문이다.

인도에서 힌두교가 불교를 몰아내듯 조선조가 불교를 박해한 것은 '새 술은 새 부대에' 라 하듯 정치적 목적 때문이라지만, 머물면 썩기 마련이듯, 고려 중기 이후 불교의 타락은 분명했다.

그랬기에 조선조를 세운 새로운 세력은 불교를 타깃으로 삼을 수 있었다.

21세기 민주제는 종교의 자유를 중시한다. 민주제 핵심은 사람을 공평하게 대한다는 것이지만 그전에 사람들이 공평하게 대접받을 만한 기본을 갖추고 있어야 한다. 민주제가 곳곳에서 실패하는 것은 그곳 사람들이 민주제를 할 만큼 성숙되어 있지 못하기 때문 아닌가. 그 기본을 교육제도를 통해 익히도록 한다는 것으로 불자의 시작은 불교 기본 교리 배움으로 알아 그것이 제대로 실천된다면 불교의 미래는 아주 밝다.

불교의 시작은 사람 위에 사람 없고, 사람 밑에 사람 없다는 평등이 기반이고, 중간은 본인의 노력에 따라 업보를 받는다는 것을 자각하는 것이며, 끝은 사람이든 업보든 자유인 무아로 돌아간다는 것이다. 민주제 교육은 인간 평등과 함께 자기가 노력한 만큼 대접을 받는다는 중간까지 가르친다.

12처와 중도

　일체는 6근6경으로 이루어진 존재 세계가 아닌 12처인 마음에서 생기는 것임을 깨달아 붓다가 된 석가모니는 고행을 수행의 전부요, 최고로 알고 있는 다섯 사문에게 어떻게 설하면 그들이 알아들을 수 있을지를 정리해 보았다.

　이윽고 그들을 찾아간 석가모니의 첫 마디가 고행은 전부가 아니라 잘못된 것으로 중도를 닦아야 한다는 거였다[고락중도].

　고행이 잘못이라고 말하면서 제시된 중도란 무엇일까?

　먼저 고행은 무엇이 잘못된 수행인가?

　부처님 당시 고행을 핵심으로 하는 자이나교는 마하비라[바르다마나] 라는 석가모니처럼 왕자로 태어나 출가하여 고행을 닦고 깨쳐 몸이 죽으면 영적 완전체인 지나jina가 되어 괴로움이 없는 영생을 누린다고 선전하여 자못 그 세력이 점점 더 확장되고 있었는데 석가모니 눈[불안]으로 보니 완전체라는 지나는 결국 유물론자의 주장으로 힌두교의 신적 존재인 브라흐마와는 다르지만 둘 다 실체적인 존재로 인정한다는 것인데 부처님의 관찰하신 대로 항상하는 실제 존재는 없지 않은가.

그러기에 다섯 사문이 닦고 있던 고행은 몸만 괴롭히는 수행일 뿐 그들이 바라는 죽은 후 영생이란 실체는 없는 것이기에 거기에 이룰 수 없다는 것이다.

그럼 중도란? 12처의 눈으로 보면 고행이든 쾌락이든 그것들은 실제 존재하는 게 있다는 것을 의심하지 않을 뿐 아니라 그것을 기반으로 그들의 행위를 정당화 하고 있다. 그러니 실재 존재가 아닌 마음에서 일어난 법임을 알면 더 이상 설명할 필요도 없이 수행자라면 모름지기 실재 존재가 아닌 법임을 깨달아, 법을 깨치도록 수행할 것이다.

부처님께서 가섭에게 말씀하셨다.

"만일 느낌이 곧 자기가 느끼는 것이라면 '괴로움은 자기가 짓는 것이다' 라고 나는 당당하게 설명하리라.

만일 남이 느끼고 남이 곧 느끼는 이라면 그것은 곧 남이 짓는 것이다.

만일 그 느낌이 자기도 느끼고 남도 느끼는 것으로서 다시 괴로움을 준다면 이러한 것은 자기와 남이 짓는 것이다.

그러나 나는 그렇게 말하지 않는다.

자기와 남을 인하지 않고 인이 없이 괴로움이 생긴다고도 나는 또한 말하지 않는다.

이 모든 극단을 떠나 중도(中道)를 설명하나니, 여래는 '이것이 있기 때문에 저것이 있고, 이것이 일어나기 때문에 저것이 일어난다'고 설법하느니라.

이른바 무명을 인연하여 행이 있고 순전한 괴로움뿐인 큰 무더기가 발생하며, 무명이 소멸하면 행이 소멸하고 순전한 괴로움뿐인 큰 무더기가 소멸하느니라."

<잡. 302. 아지라경>

〈302. 아지라경〉을 보면

'나'라는 것을 실재 존재로 알고 질문을 하면 그 어떤 질문을 해도 바른 게 아니기에 나, 석가모니는 대답을 하지 않고 침묵[무기]한다. 바른 답이 없기에.

'나'라는 것이 실재한다고 믿고 아는 것은 12연기법에서 보듯 무명이 있기에 그런 것이다. 그러니 무명을 멸하면 '나'라는 존재가 멸할 것이니, 다음 생을 받지 않음을 스스로 보듯이 나에게 질문을 하지 않아도 스스로 답을 관찰하게 된다.

중도는 8정도라 했다. 8정도 시작은 바르게 본다는 정견이다. 어떻게 보는 게 정견인가?

나와 세계를 존재가 아닌 마음에서 생긴 법으로 보는 게 정견이다.

나와 세계를 마음에서 생긴 법으로 보면 그렇게 보는 데에 따른 바

른 사유[정사유]가 생길 것이고, 바른 사유가 있으면 그로인한 바른
바른 말[정어]과 바른 언행[정행] 그리고 바른 삶[정명]이 이어질 것
이다. 그러나 삶은 생각대로 살아지는 게 아니니 바른 노력[정정진]
을 게을리하지 않으며 바른 비파사나[정념]를 수행한다. 그리하여 행
주좌와 어묵정동이 항상 심연생인 법일 잊지 않도록 한다[정정].

8정도는 정견이 출발이듯, 정견이 곧 중도여야 하는 데 정견이란
세상이 존재가 아닌 심연생으로 보는 것이다.

마음에서 생긴 6내외입처는 일체의 근본

마음에서 생긴 6입처는 일체의 근본이요, 무명에서 생긴 6입처는 괴로움의 시작이다.

석가모니가 활동하던 시기인 비씨 5,6세기 인도에서 삼라만상인 일체는 당시 주류 종교였던 브라만교(Brahmanism, 베다 힌두교)에서는 브라흐마가 만물에 들어가 생겼다는 신의 전변설을 주장하고 있었는데 그 당시 새로 등장한 사상은 유물론이라 하여 자이나교를 포함한 6사 외도(外道)에서는 지수화풍 4대와 식과 공간 등 몇 가지 근본 원소의 결합과 화합으로 생겼다는 주장이 확장되고 있었다.

그에 반해 석가모니는 '일체는 6내외입처에 의해 만들어진다'는 12처설을 가르치니 그것은 불교만의 특징이요, 불교의 핵심으로 전해졌는데 시간 속에 12처설은 모호해진 가운데 지금에 이르고 있다.

〈233. 세간경〉을 보면,

233. 세간경(世間經)

이와 같이 나는 들었다.

어느 때 부처님께서 사위국 기수급고독원에 계셨다.

그때 세존께서 모든 비구들에게 말씀하셨다.

"내가 이제 세간과 세간의 발생·세간의 소멸·세간의 소멸에 이르는 길을 설명하리니, 자세히 듣고 잘 사유(思惟)하라.

어떤 것을 세간이라고 하는가?

6내입처(內入處)를 일컫는 말이다. 어떤 것이 그 여섯 가지인가? 눈이라는 내입처[眼內入處]와 귀[耳]·코[鼻]·혀[舌]·몸[身]·뜻이라는 내입처[意內入處]니라.

어떤 것이 세간의 발생인가?

미래의 존재를 받게 하는 애욕[當來有愛]에 탐욕[貪]과 기쁨[喜]이 함께 하여 이것저것을 집착하는 것을 말한다.

어떤 것이 세간의 소멸인가?

미래의 존재를 받게 하는 애욕에 탐욕과 기쁨이 함께 하여 이것저것을 즐거워하고 집착하던 것이 남김없이 끊어지고, 이미 버리고 이미 토해내고 이미 다하여, 탐욕을 떠나 소멸하고 그치며 마치는 것이니라.

어떤 것이 세간의 소멸에 이르는 길인가?

8정도(正道)를 일컫는 것이니, 바른 소견·바른 뜻·바른 말·바른 업·바른 생활·바른 방편·바른 생각·바른 선정이니라. 부처님께서 이

경을 말씀하시자, 여러 비구들은 부처님의 말씀을 듣고 기뻐하며 받들어 행하였다.”

〈잡. 233. 세간경〉에서 일체인 ‘세간은 6내입처’라 하고, 6내입처는 안·이·비·설·신·의 입처라 하고 있다.

입처(入處)란 범어 ayatana를 번역한 것인데, 아야타나는 ‘ayat’와 ‘ana’로 이루어져 있고, ‘ayat’는 ‘들어오는’의 뜻이고, ‘ana’는 ‘것’과 ‘장소’라는 2가지 의미를 가지고 있다. 따라서 ayatana라는 뜻은 ‘들어 오는 장소’ 또는 ‘들어 온 것’이라는 의미가 된다.

그것을 한문으로 들어 온다는 입(入) 또는 들어와 있는 장소로 처(處), 또는 입처(入處)라고 했다.

일반적으로 안처하면 보는 자(眼)가 들어와 있는 장소라하고, 색처는 보이는 자가 들어와 있는 장소라고 설명하며 다른 11처도 마찬가지라고 했다.

그리 알고 “일체는 6내입처”라는 말을 보면 일체는 보는 자인 안입처, 듣는 자인 이입처, 냄새 맡는 자인 비입처, 맛을 아는 자인 설입처, 촉을 아는 자인 신입처 그리고 뜻을 아는 자인 의입처라는 것인데 그런 6입처가 일체로 보이는지?

아니다, 많이 부족하다. 일체라 하려면 보는 자가 아닌 보이는 일체, 듣는 자가 아닌 들리는 일체, 삼라만상으로 보이는 법일체가 되어야 하지 않는가.

그렇다면 6내입처 또는 6입처는 무엇인가. 일체를 생기도록 하는 일체를 만드는 근본으로 제시되고 있음을 본다.

그런 즉 세간을 만드는 근본은 무엇인가? 하는 질문에 일체 근본을 만드는 것은 힌두교에서 가르치듯 브라만이 변한 아트만이 아니고 유물론자들이 주장하는 몇몇 근본 원소가 아니라 6입처라 했다. 이때 6입처는 2법6쌍인 12입처를 의미하고 있다.

그리고 세간의 발생은 존재를 있게 하는 탐욕과 기쁨이라 했다.

〈잡. 239경〉을 보면

239. 결경(結經)

이와 같이 나는 들었다.

어느 때 부처님께서 비사리의 미후지 곁에 있는 2층 강당에 계셨다.

그 때 세존께서 모든 비구들에게 말씀하셨다.

"내가 이제 결박되는 법과 결박하는 법에 대하여 설명하리라.

어떤 것이 결박되는 법인가? 안과 색·이와 성·비와 향·설과 미·신과 촉·의와 법이니, 이것을 결박되는 법이라고 한다.

어떤 것이 결박하는 법인가? 욕망과 탐욕을 말하는 것이니, 이것을 결박하는 법이라고 하느니라."

부처님께서 이 경을 말씀하시자, 여러 비구들은 부처님의 말씀을 듣고 기뻐하며 받들어 행하였다.

12처의 2법을 묶고 있는 것은 욕탐이라 하고 있다. 그 말은 욕탐이

2법6쌍을 결박해 일체를 만드니.

그 일체에는 욕탐이 자리하고 있다는 것이다.

그런데 2법인 12처 모두 마음에 일어나 있는 것으로 분별이 되지 않는다고 했듯이 그것을 욕탐이 결박하고 있다고 설하지만 관찰을 통해 안처, 색처, 욕탐 셋 구별이 가능할까? 보통 사람으로서는 불가능하다.

그러기에 『경』에서도 멸진정에 이르러야 12처를 보고 멸할 수 있다고 했다. 단 안처와 색처가 만날 때 욕탐이 간섭해야만 괴로움이 생기는 이유가 명확하다. 그렇다면 욕탐은 무엇인가? 그것은 존재가 아니기에 어디에 있다가 나타나 범인을 잡는 형사처럼 안처와 색처를 묶는 게 아니다. 욕탐은 무지인 무명과 같다. 무명의 성질은 모른다는 호기심과 과잉이라는 탐욕이라 하겠다. 그처럼 탐욕은 물질이 아닌 마음의 성품 가운데 하나로 수행을 통해 멸해야만 하는 게 된다.

하여 선지식들은 무지와 탐욕이 있는 무명인 마음은 멸해야 하는 멸하는 마음으로 가르쳤다.

2법은 안이비설신의 6내입처와 색성향미촉법 6외입처가 있다고 했는데, 그 둘을 각각으로 설명하는 게 괜찮은가. 왜냐면 둘은 빛과 그림자처럼 하나가 나타나면 동시에 다른 하나가 나타나 비로소 그것에 대해 말할 수 있기 때문이다. 곧 안처는 바로 색처와 만나 쌍이 되어야만 의미가 생긴다. 본다는 말은 보는 자와 보이는 게 함께 있어야만 하듯이. 그러기에 6처라 하면 그것은 2법 6쌍을 의미한다.

12연기를 보면 6처라 하여 6내입처로 설명하고 있는데 실제로 뜻은 6쌍으로 설명한다. 촉이 생기려면 2법이 만나지 않으면 생기지 않는 것이므로.

즉 무명 → 행 → 식 → 명색 → 6(내)입처 → 촉 → 수 → 애 → 취 → 유 → 생 → 노사의 구조에서, 6입처에서 촉이 생긴다고 했지만, 그 부분을 자세히 보면 12처인 2법6쌍의 결합으로 촉이 생기며 그것을 3사 화합 또는 3사 결합이라 한다.

이와 같이 12연기법에서는 ‘6입처’라고 해도 그 의미는 2법6쌍이 되며, 〈319경〉의 ‘일체’라는 말도 그 의미는 ‘일체의 근본’으로 이해해야 한다는 것이 〈214경〉을 보면 보다 확실히 드러난다.

촉인연이란 3사화합 또는 3사결합이라 하는데, 마음을 연(心緣生)하여 (안과 색)·(이와 성)·(비와 향)·(설과 미)·(신과 촉)·(의와 법)인 6내외입처가 생기면 2법 여섯쌍에 의해 안식, 이식, 비식, 설식, 신식, 의식인 6식이 생겨, 그들이 결합 할 수 있는 형태인 안계, 이계 ,비계, 설계, 신계, 의계 6개의 주관계와 색계, 성계, 향계, 미계, 촉계, 법계 6개의 대상계 그리고 안식계, 이식계, 비식계, 설식계, 신식계, 의식계 6개의 인식계 이렇게 18계가 되면, 그 18계가 또 (안계와 색계와 안식계) 등 여섯 개로 묶여 작용을 하니 그것을 3사화합이라 하며, 촉이라 하는 것이다.

여기서 18계의 6식은 수동적인 의미의 ‘보아서 생긴 식(識)’이 아니라 능동적인 의미의 '판단하려는 식(識)'이 된다. 즉 보는 눈인 안입처와 보이는 색입처가 만나면 덩달아 그것을 보고 판단하려는 식이 생기니 그것을 안식(眼識)이라 하고 있는 것이다.

흔히 알고 있는 '보아서 생긴 식'인 안식(眼識)은 촉(觸), 수(受), 상(想), 사(思)를 거쳐 생겨 있는 5온의 식을 의미한다.

마찬가지로 18계의 이식(耳識)은 들어서 판단하고자 하는 능동적인 식이며, 비식, 설식, 신식, 의식(意識) 역시 앞에 있는 5식(識)을 종합 분석하여 알려는 식이지, 5식을 통해 알게 된 결과적인 식이 아니라는 점이다. 우리에게 알려진 인식(認識)은 촉, 수, 상, 사를 통해 생긴 것이다.

이처럼 마음에 12입처가 생겨, 그들이 결합할 수 있는 형태인 안계와 색계 그리고 안식계 등의 18계가 되어 이루어지는 3사화합은 시간적인 차이가 없다 할 정도로 순식간에 이루어지는 작업이다.

그리고 12입처는 이것이다 저것이다 하는 구별이 모호한 심층 깊은 의식인 반면에 18계는 계(界)라는 말에서 보이듯 존재화가 일어나기 시작했으니, 각각의 분별이 어느 정도 가능한 상태가 되고 있음에 유의해야 한다. 하여 12처가 생기면 18계가, 18계에 의해 촉이 생기면 이어서 수, 상, 사(思, 행) 그리고 식이 생기는 순서로 5온이 생김(集)을 알 수 있다. 이때 아무래도 〈214. 2법경〉에서 주의해 보아야 하는 부분은 6내입처는 물론 6외입처가 [마음에 생겨 있다(心緣生)]고 하는 곳이다.

　6근 6경은 마음에 생겨 있는 게 아닌 생명에 의지하고 있는 존재요, 자연 현상인 존재이기에 의지(意志)로 생기게 하거나 멸할 수 있는 게 아닌 것으로 정의한다. 그러나 우리가 인식하는 존재인 6근 6경은 그렇게 독립적인 모습으로 존재하고 있는 게 아니다. 그것은 〈214경〉에서 보듯 2법에 의해 수, 상, 행을 거쳐 인식이 반복되면서 마치 대상계가 외부에 존재하는 것처럼 주관계에 인식된 것이다.

　그럼에도 불구하고 외부에 있는 존재를 없다고만 할 수 없는 것은 외부에는 질량을 갖고 있는 것들이 무상하게 변하며 존재하고 있는 것은 틀림없기 때문이다. 내가 보는 나무와 외계인이 보는 나무는 다르게 보이니 우리가 보는 나무 모습이 참모습이 아닐지라도 나무가 거기에 있는 건 틀림없지 않은가.

　나에게 욕탐이 관여해 생긴 나무 모습과 욕탐을 멸하고 다시 보는 나무 모습이 어떻게 다를까. 자신이 서 있는 자리에서 얼마든지 궁금할 수 있다. 석가세존의 중요성은 무명에서 생긴 12처는 마음에 생겨 있는 것이기에 의지와 수행으로 바꿀 수 있으며 멸(滅)할 수 있는 가능성이 모두에게 열어 주었다는 점이다.

　반복하지만 석가 수행자가 부처님이 될 수 있는 근거는 6근을 멸한 게 아닌 6내외입처를 멸했기 때문이다. 만일 6내외입처가 6근6경이었다면 석가모니도 결코 살아서 그것을 멸할 수는 없었을 것이고, 그러면 살아서 완전한 열반은 성취할 수 없었을 것이며, 부처라 불릴 수도 없었을 것이다.

그러니 심연생인 6내외입처를 발견한 사건이야말로 일대사(一大事)인연으로 오늘까지 불교가 전해질 수 있는 원동력이라 하지 않을 수 없다.

석가세존이 제자들에게 가르치려 하는 것은 지금 여기에 있는 고(苦)를 멸하는 것이었기에, 숲의 나뭇잎과 손안의 나뭇잎 비유를 통해 고와 고멸(苦滅)과 직접적인 관계가 없는 것은 일단 침묵하라고 한다.

그 때 세존과 모든 대중들은 신서림에 도착해 나무 아래에 앉으셨다. 그 때 세존께서는 손에 나뭇잎을 움켜쥐고 모든 비구들에게 말씀하셨다.

"이 손안의 나뭇잎이 많은가, 저 큰 숲의 나뭇잎이 많은가?"

모든 비구들이 부처님께 아뢰었다.

"세존이시여, 손안의 나뭇잎은 매우 적습니다. 저 숲의 나뭇잎은 한량이 없어 백천억만 배나 되며, 나아가 숫자로도 비유로도 비교할 수가 없습니다."

"그와 같이 모든 비구들아, 내가 등정각(等正覺)을 이루고 스스로 본 법을 남에게 설한 것도 이 손안의 나뭇잎과 같으니라. 왜냐하면 그 법은 이치에 도움이 되고, 법에 도움이 되며, 범행에 도움이 되고, 밝음[明]^지혜[慧]^바른 깨달음[正覺]이며, 열반으로 향하는 것이기 때문이니라."〈잡. 404. 신서림경〉

세존이 보고 알고 있는 것은 큰 숲의 나뭇잎처럼 많지만 세존께서 가르친 것은 손안의 나뭇잎 정도라는 것이다. 손 안의 나뭇잎에 해당하는 것은 4성제와 8정도를 중심으로 초기 경전 내용인 범행(수행)과 지혜, 깨침(정각), 열반으로 향한 내용이 된다. 일체를 6내외입처에 의한 것으로 경계로 정해 놓고, 여기서는 또 다시 해탈에 필요한 것으로 범위를 정해 놓는다. 그러기에 손안의 나뭇잎이 아닌 숲 전체의 나뭇잎은 일단 경계를 벗어난 것이기에 때로는 무기(無記)로 답하는 질문이 된다.

여기서 주의해야 할 것은 해탈에 필요한 법이 아니라 해서, 곧 손안의 나뭇잎이 아니라 해서 늘 무시해도 괜찮다는 것은 아니다. 해탈에 이른 불자들이 그것에 관심을 갖게 되는 것은 당연한 것으로 보인다. 대승경전이 초기 경전 내용을 벗어난 것은 그 예라 할 수 있다.

4성제를 포함한 근본 교리를 전하는 초기 경전인 『잡아함경』만을 보아도 그 분량은 결코 작은 게 아니다. 그러니 불교는 말을 아낀다거나 묵언의 종교라고 하는 것은 불교에 대한 올바른 판단이 아니다. 깨치려는 자라면 4성제를 중심으로 설한 내용을 반듯이 이해해야만 할 것이고, 그에 대한 아비달마 논사에 의한 수많은 논장이 나오는 것만 보아도 말이 적은 종교가 아님을 알 수 있다.

4성제를 요약하면 고집(苦集)과 고멸(苦滅)이라 할 수 있으며, 그것을 12연기법과 연결해 보면 '무명이 생기면 6입처가 생겨 고가 생기고(集), 무명을 멸하면 6입처가 멸하니 고가 멸한다'가 된다.

손 안의 잎인 4성제를 잘 깨치면 그 외 말하지 않은 것들은 스스로 바르게 볼 수 있다는 뜻도 될 것이다.

12연기법에서 구체적으로 드러나는 것은 촉에서부터라 하겠는데, 그 촉은 6입처에서 생기는 것이니 '일체의 고(苦)는 12처에 의해 생기는 것'이라 할 수 있다.

아마 눈치챘을 것 같은데, "12처라 쓰고 6근 6경이라 읽는다"는 글 속에는 반복되는 겹치는 내용이 적지 않다.

불교 공부는 어느 시간이 지나면 새로운 것을 담는 게 아닌 이미 알고 있는 것을 새롭게 보는 반복 수행이 된다.

반복해 가면서 깊어지고 넓어진다.

나와 세상 끝, 심연생

세상은 전쟁, 기후 변화, 질병으로 인류와 생명을 당황시키고, 인공지능 AI가 인간의 손발은 물론 두뇌마저 빼앗아가는 시대로 개인의 중요성이 옅어져 가는 이 시대에 보는 자가 무엇이고, 보이는 것, 듣는 자나 생각하는 자에 대한 관찰이 중요한가? 하는 의심이 생길 것 같다.

세상의 중심은 무엇인가? 당연히 '나'라 하겠지만, 세계 중심이 나라고 하기 전에는 신이 중심이었고, 중세에는 임금이나 황제가 중심이었다가 근세에 들어 '나'가 중심이 되었다. 그러다 이제는 내가 아닌 AI가 세계 중심으로 들어오고 있다.

이렇듯 세계 중심은 파워가 어디에 있느냐에 의해 일인칭인 '나'가 아닌 게 세상의 중심이 되고 있지만, 그렇다고 과거나 미래에 인간인 일인칭의 의미는 변하지 않는다. 일인칭인 내가 주인인 민주제를 경험한 인간은 설사 누군가에 지배를 당해 자유를 빼앗

겨도 일인칭인 자신의 중요성을 더 이상 간과하지 않게 되었다고 본다. 그러기에 '나는 누구인가' 하는 질문에 대한 답은 일인칭을 자각한 우리에게는 깊이의 차이는 있을지언정 인류가 사라지지 않는 한 화두가 되어 풀어야만 하는 과제가 아닌가 한다.

테스형은 '나 자신을 알라'고 했는데 만물의 영장이요, 생각하는 동물이라는 '나' 흔히 일체는 나와 세계라 하듯, 나는 피조물이라 해도 세계와 같은 무게로 여기며 세상의 주인으로 창조주가 있다면 때에 따라서는 그마저 용서하려 한다.

그럼에도 불구하고 '나'가 화두가 되는 것은 세상의 주인이 나이므로 그런 나는 분명히 있으련만, 막상 나는 누구인가 하면 답이 궁해지기 때문이다. 해서 나는 내가 누구인지를 알려고 나는 누구인가에 대한 답을 찾아 나선다.

그 가운데 유명한 라마나 마하리쉬의 〈나는 누구인가〉라는 책이다.

마하리쉬는 그의 책에서 말한다.

모든 현상계를 접하는 감각기관이나 말하고 움직이고 생각하는 행위하는 자, 의식하는 자는 물론 잠재의식도 내가 아니다. 나는 (수행을 통해) 현상계가 실재한다는 모든 인식을 부정하고 내려놓아 더 이상 부정할 것이 없어졌을 때 그것을 지켜보는 순수한 앎이 있으니 그것이 '참나(Atman, True Self)'라고 했다.

마하리쉬의 참나는 포착이 쉽지 않은데, 마하리쉬님이 말하는 참나가 무엇인지를 보고 알았다고 하는 자, 그 자를 바라보고 있는 자가 있으니 그를 참나라고 하는 것 같다.

그 말은 현상계는 무상한 것으로 그대로 흘러가는 것으로 바라보고, 수행으로 참나를 깨쳐 마음 깊은 곳에서 울리는 신과 하나가 되면 그것이 참나를 발견한 것이고, 달리 말하면 해탈에 이르는 게 아닌가.

자기 스스로 그것을 수행하여 깨치는 것은 쉽지 않지만 그 나를 발견하고 그 자리에 설 수 있다면 현상계에서 일어나는 괴로움에 끄달리지 않을 것 같다.

그런데 힌두교나 자이나교는 살아서는 완전한 자아인 순수 아트만 또는 지나에 이르지 못하고 몸이 사라져야만 완전해진다 하여 사후 예찬 종교라 비판하는데, 마하리쉬는 석가세존이 가르치듯 지금 여기서 완전한 자가 되는 것처럼 말한다.

이런 마하리쉬 말을 보면 그는 힌두교의 최고신 시바와 불교의 무아를 같은 것으로 보는 것처럼 보인다. 그러나 유와 무가 한 곳에 있다면 그것은 유가 된다. 마하리쉬의 가르침은 무아가 아닌 유아로 귀결된다.

유아란 존재이며 생멸하는 것이다. 생멸하는 것은 있는 듯 없는 듯 아무리 미세한 존재라도 괴로움이 그림자처럼 생겨 따라다닌다. 바람에 날리지 않으려면 바람이 되어야 한다지만, 바람에서 사라져야 한다. 마하리쉬 말은 바람이 되어라 하는 것으로 보인다.

마하리쉬에게는 그가 이룬 최고 수행 자리가 인간이 이룰 수 있는 최고 자리로 보았을 것처럼 많은 성인들은 자기가 이룬 자리가 최고의 자리로 보였으리라. 석가모니 시대에도 스스로 최고 자리에 올랐다고 하는 성현들이 적지 않았다. 나는 부처님은 말할 것도 없고 마하리쉬 성자가 오른 그 자리에 오르지 못했건만 어떻게 그가 오른 자리가 부처님에 이르지 못했다고 장담하면서 말을 하고 있는가?

나는 에베레스트산 정상에 오르지 못했지만 산 정상에 오른 이들이 있어 존경을 받고 있다. 그런데 그들은 존재하는 에베레스트 산 정상을 넘어 서지는 못했다. 마하리쉬도 마찬가지로 존재 세계[유아]를 넘어 서지 않았다. 그러나 부처님은 존재를 너머 마음인 법을 너머섰으며, 그것을 무아라 했다.

그렇듯 마하리쉬 등 성현들이 스스로 최고 자리에 이르렀다고 여기는 이유는 그의 눈에 그것이 마치 부처님인 것 처럼 최고로 보이고 있기 때문이다. 『금강경』에 나오는 육안, 혜안, 법안, 불안의 차이는 미세하지만 각각의 차원에서 보는 것이다.

마하리쉬 가르침을 믿고 그가 말하는 대로 '비차라(Vichara, 진아탐구)'를 도구 삼아 행복에 이르렀다면 그 아니 좋은 일인가.

사람의 능력은 같지가 않다. 이 생에서 아라한에 이를 수 있는 자가 있는가 하면 아무리 노력해도 이룰 수 없는 자가 있다. 지은 업이 다르기 때문이다. 그러니 어떤 것을 도구로 삼아 행복에 이르렀다면 그것으로 족하다 하지 않을 수 없다. 다만 구경의 행복이라 할 수 있는 지경에 이르는 공부는 무엇인가 하는 관심과 정말 더 이상 끝이 없는 아뇩다라삼먁삼보리에 이룰 수 있는 길을 찾고 있다면 세존을 보라고 하지 않을 수 없다. 〈잡.214경〉에 **안**(眼)**과 색**(色)**을 연하여 안식**(眼識)**이 생기니, 그것은 무상하고 유위**(有爲)**이며 마음을 연해 생긴 것이다**[心緣生].

마하리쉬도 잠재의식도 놓아 버리고 생각하는 모든 것을 놓아버려 더 이상 부정할 것이 남아 있지 않음을 바라보는 앎 그것을 침묵하였는데 그래도 사람들이 계속 묻자 ‘순수 자아’라 하였다. 순수 자아에 대해 두 가지 입장이 있다. 하나는 아트만과 같은 영원한 신성이고, 다른 하나는 자이나교의 지바와 같은 신성이 아닌 비물질 순수 의식이 그것이다.

석가세존에 의하면 말로 되어지는 것 아트만이나 지바 등은 모두 심연생이다. 그렇기에 석가세존은 수행으로 관찰하도록 권하며, 사유로 깨닫는 것에 머물지 않도록 하였다.

4성제를 3전12행으로 설하는데 3전은 견도, 수도, 무학도라 하고, 그것을 8정도로 보면 견도는 정견이고, 수도는 정념이며, 무학도는 정정에 해당한다. 12처가 심연생임을 보는 게 견도요, 그것을 수행으로 증명하는 게 수도, 그리하여 일상이 곧 심연생이 되면 무학도라 한다.

〈잡.214경〉과 같은 내용으로 전하는 상좌부의 〈쌍윳타 니까야, S35:93 쌍경〉에는

2. "비구들이여, 쌍을 조건하여 의식이 발생한다. 비구들이여, 그러면 어떻게 쌍을 조건하여 의식이 발생하는가?"

3. "안과 색을 조건으로 안식이 일어난다.

안은 무상하고 변하고 다른 상태로 되어간다.

색은 무상하고 변하고 다른 상태로 되어간다.

이처럼 이 (안과 색) 쌍은 움직이고 흔들리고 무상하고 변하고 다른 상태로 되어간다. 고 하여 안과 색은 무상하고 변하고 다른 상태로 되어간다고 할 뿐 마음을 연해 생긴 것[심연생]이라는 내용이 없다.

그러기에 상좌부에서는 2법인 안과 색을 안근, 색경으로 이해하고, 그 둘에 의해 일어나는 안식만 마음에서 생기는 것으로 설명한다. 보는 자인 안처와 보이는 대상인 색처는 물질의 화합으로 생긴 것이고, 안식을 포함한 이식, 비식, 설식, 신식, 의식인 6식만이 마음에서 생긴 것이라고 주장하는 것이다.

우리가 생물 시간에 배운 보는 작용이란 외부에 존재하는 색[색경]이 존재인 눈의 망막[안근]에 사진이나 동영상처럼 찍혀 맺히고, 맺힌 상이 신경 세포인 뉴런을 통해 뇌에 전달되면, 그것을 과거 경험인 안식[심연생]이 분별 인식한다는 것이다.

이와 같은 현대 과학인 생물 시간에 배운 내용과 상좌부 설명은 다르지 않아, 불교는 과학이라는 결론을 서슴없이 내릴 수 있다.

그런데 물질이란 시공의 제한을 받고 마음은 시공을 초월한다. 만일 안과 색과 안식의 접촉인 3사에서 안과 색이 물질이고 안식이 마음이라면 시공을 초월한 마음과 시공의 제한을 받는 안과 색이 충돌하지 않을 수 있을까.

그리고 3사가 만나야만 접촉이 일어날 수 있는 데 그런 3사는 어디에 모여 있는가?

마음[식]에 모여 있다. 그렇다면 마음 안에 안근이나 색경이 들어올 수 있는 상태인가?

아니다. 그것은 생물 시간에 배웠듯이 뇌 안으로 들어올 수 있는 것으로 먼저 되어야만 한다.

뇌 안으로 전달되어 안식이 분별할 수 것은 눈 안으로 들어온 모두에서 특별히 눈에 의해 잡힌 것이다.

고로 그것을 안처에 의해 선택된 색처요, 그것을 분별하려는 안식이 일어나 접촉하니 마음 안에서 일어나는 안처와 색처와 안식의 3사화합촉이라 하는 것이다.

물론 안처는 볼 수 있는 눈[안근]이 있기에 생기는 것이고, 색처는 대상이 있기에 생긴다. 그러나 안식이 생기기 전에 있는 것을 안근이나 색경이라 할 수 없다. 깜깜한 방에 있는 것처럼.

본다고 할 때 우리는 아무거나 보는 게 아니다. 보는 것만 본다거나 보이는 것만 본다는 것은 보는 것과 보이는 것이 선택된다는 것으로 그것을 선택하는 것은 마음이듯 보는 것인 안처에 마음이 있고, 보이는 색처에 마음이 있어 그 둘은 심연생이라 하는 것이다.

나와 세상 시작, 심연생

2500여 년 전 석가세존은 관찰을 통해 2법6쌍 3사화합은 근·경·식(根境識) 존재 사이에서 일어나는 작용이 아닌 마음에서 일어나는 작용이라 했다.

법을 존재와 같은 것으로 여기는 설일체유부인 상좌부에서 수집 정리한 『잡아함경』에 12처는 심연생이란 말을 그대로 두었다는 것은 기적이 아닌가. "하느님 맙소사"라 하는 자도 있겠지만 "관세음보살"이다.

상좌부를 포함해 온 세상이 〈잡.214경〉에 나오는 '그것'은 6식만 가리키는 것이지, 12처 모두는 아니다 라고 아무리 윽박을 질러도, 18계인 12처와 6식인 3사 모두 마음을 연해 생긴 심연생임은 변함이 없다.

임진왜란 때 조선의 임금은 왜군에 거의 잡힐 뻔했고, 병자호란 때에 조선의 임금은 청에 항복을 해 국권이 바닥을 쳤지만 조선이 사라진 것이 아니듯 12처는 6근6경 존재가 아닌 심연생임이 『잡아함경』에 전해지고 있다.

참고로 3사화합촉이 될 때 종이에 써진 글자처럼 분별이 불가능한 12처가 작용하는 게 아니라 6주체계, 6대상계, 6인식계인 18계로 바뀌어 주체인 안계와 대상인 색계와 기억인 안식계로 바뀌어 셋이라 불리며 비로소 접촉이란 말을 사용할 수 있게 된다.

해서 12처에서 3사인 18계가 되었다는 것은 존재화가 시작되었다는 것인데, 그걸 무시하고 18계는 존재인 6근과 6경에 6식이 접촉하는 것처럼 설명하니 심연생이 설 자리가 사라졌다.

만일 상좌부 주장처럼 심연생은 6식만을 의미하고, 의처와 법처를 제외한 10처가 존재라면, 그런 불교는 마하리쉬 성자나 힌두교나 더 나아가 과학과 과 별 차이가 없다. 그런 불교라면 굳이 이 세상에 있을 필요가 있을까? 코카콜라가 있는데 굳이 펩시콜라가 있을 필요가 있나.

있기는 해야겠다. 무엇이든 누구든 독점이 되면 문제를 일으킨다. 종교든 무엇이든 하나만 남게 되면 마찬가지로 횡포를 일으킨다.

그러나 '그것'이 6식뿐 아니라 12처 모두 심연생임을 발견했기에 비로소 명상과 6년 고행을 멈출 수 있었고, 보리수 아래에서 심연생임을 깨쳐 부처를 성취한다. 아무리 강조해도 지나치지 아니한 게 '12처는 심연생'이다.

가을 산에 펼쳐진 울긋불긋한 단풍의 향연.. 그 아름다움에 취하

먼 세월 가는 줄 모른다. 온통 마음이 단풍에 꽂혀 있으니..

단풍에 채색된 가을 산은 내가 보지 않아도 그대로 있다.

그런 단풍 산을 내 의지로 멸할 수 있을까?

없다.

단풍에 빠져 헤어 나오지 못하는 보는 자나 향기를 맡는 자 걷고 있는 자를 여기서 멸한다는 것은 장님이 되거나 죽는 게 된다.

마하리쉬는 6식을 자의지로 조절할 수 있으면 무엇을 보고 듣던 그것에 완전히 빠지지 않게 된다고 한다. 그러니 그런 자리에 오른 분은 인류의 스승으로 성인이라 불리며 만인에게 존경받는 것은 당연지사다.

그런데 그렇다 하여 그런 지경에서 완전한 열반이 가능한가? 강물에 흘러들어오는 지류를 놔두고 강물을 다 퍼낼 수 있느냐 말이다.

강물을 완전히 퍼 내려면 먼저 지류를 막아야만 하는데, 만일 지류가 6근 6경으로 실재 존재하는 것이라면 괴로움을 일으키는 원인으로 강물에 그대로 유입되고 있는 데 아무리 여기서 수행을 아무리 잘한들 6근 6경은 그대로 있으니 새로 들어와 생기는 갈등을 완전히 막을 수 있겠는가.

초전법륜 내용은 다섯 사문에게 세계는 존재가 아닌 비존재인 심연생 곧 법임을 이렇게 설한다.

당신들이 괴로움이 없는 영원한 삶인 존재가 되려고 쾌락적 삶인 세간을 떠나 고행을 하고 있지만 어떤 고행을 하더라도 영원히 행복할 수 있는 존재는 될 수 없다[고락중도]. 왜? 아트만이나 지나를 포함한 그 무엇도 영원한 존재는 없기 때문에.

중도는 존재 세계인 세간을 떠난 출세간으로 마음공부를 통해 존재가 아닌 심연생임을 깨치는 길이다.

4성제인 고제와 집제를 통해 괴로움이 생기는 세간의 모습을, 멸제와 도제를 괴로움이 멸한 세간의 멸을 설하자 의심 하지 않을 수 없었는데, 계속된 부처님 설법을 듣고 멸제가 가능한 것은 12처가 6근 6경이 아닌 심연생임을 깨닫자 "(집이나 멸이 존재 생멸이 아닌 모두 마음에서 생긴 것이니)집제가 곧 멸제군요!" 라고 감탄하니, 부처님께서는 "여기에 여섯 아라한[수다원]이 있다"고 하신 것이다.

이렇듯 불교 수행자를 수다원이라 함은 6근 6경과 다른 심연생인 12처임을 듣고 의심하지 않고 그것을 밝히려 수행을 시작한 자가 된다.

사다함과 아나함은 수행의 깨달음이 점점 더 깊어진 상태요,

아라한은 12처가 심연생임을 완전히 깨달았을 뿐 아니라 그것을 깨친 상태에 이른 자로 부처님과 같은 경지다. 여섯 사문은 초전법문을 듣고 아라한이 된 게 아니라 아라한이 될 수 있는 문으로 들어선 수다원이라 하는 것은 그 때문이다. 그 후 다섯 제자는 수행을 계속한다.

『초전법륜경』에 다섯 사문이 도달한 경계는 아라한이 아닌 아라한에 이를 수 있는 단계로 수다원이나 사다함, 아나함의 단계로 보아야 하는데, "여기에 여섯 아라한이 있다"고 수집정리한 것은 당

신들도 부처님이 될 수 있다는 자신감을 분명히 실어주려하신 게 아닐까.

우리가 항상 합송하는 『천수경』에

오랜 세월 쌓인 죄업 한 생각에 없어지니 마른 풀이 타버리듯 남김없이 사라지네.

죄의 자성 본래 없어 마음따라 일어나니 마음이 사라지면 죄도 함께 사라지네.

모든 죄가 없어지고 마음조차 사라지면 죄와 마음 공해지면 진실한 참회라네. 에 나오는 '마음이 사라지면 죄도 함께 사라지네.'에서 죄란 물건을 훔쳤을 경우 물건을 훔쳤다는 자의 행위와 훔쳤다는 의식이 죄로 남는다. 만일 손이 물건을 훔쳤다면 손을 자르는 것으로 죄값을 치를 수 있는 게 아니라 훔쳤다는 의식이 사라져야 죄가 사라진다. 업이란 몸으로 짓지만 의식에 쌓여 있는 것이다. 무지와 탐욕이 말과 행위나 의식을 통해 지은 잘못된 업을 죄라고 한다.

만일 업보가 몸과 같은 존재라면 반드시 존재로 댓가를 치러야만 멸해진다. 죄인이 수감되어 죗값을 치르듯.

그러나 업과 업보는 존재가 아닌 마음에 있는 무명에서 생긴 것으로 무명을 벗어나면 마음 쌓인 업이나 업보는 무명이 사라지듯 사라진다.

사라진 업보는 어디서 사라지는가? 마음에서 사라진 것이니 어디로 사라졌는지 보이지 않는다.

부처를 증득했다 하여 존재인 6근6경이 사라지거나 부처를 증득하는 순간 몸의 커다란 변화가 일어나는 것이 아니다. 심연생인 무명에서 생겨 괴로움을 생기게 하는 탐욕인 12처가 사라진 것이다.

6근 6경을 포함한 물질 존재는 에너지 보존의 법칙이라 하여 사라지지 않고 유전한다. 마음은 비존재이므로 비존재 법칙을 따라 보존되고 있는 것은 아닌지.

마음이 본래 없는 것이라면 어떻게 일어날 수 있겠는가.

『천수경』에 나오는 '사라지는 마음'은 마음이라 이름할 수도 없는 '본래 마음'이 아니고, 대상에 의해 일어난 마음이고, 그 마음의 결과는 괴로움이 생기게 하는 마음이기에 무명이라 이름했다. 만일 괴로움이 생기도록 하지 않는 마음이라면 무명이 아닌 명이라 했으리라.

석가모니 정통 맥을 이어온다고 자부하는 상좌부에서 심연생은 12처가 아닌 6식 뿐이라고 하는 이유는 무엇일까?

불교는 사실을 중요시한다.

12처가 심연생이라 하면, 그것을 자기에 의지하고 법에 의지해 수행해 12처가 심연생임을 분명히 깨쳐야만 한다. 그런데 불멸 후 시간이 흘러가면서 게으름 없는 수행 정진으로 주위 불자에게 존경을 받으며 아라한이라 불리는 상좌가 되었는데, 상좌라 불리지만 탐욕을 일으키는 12처 멸이 안되었음을 스스로 보고 있다.

아무리 수행해도 멸해지지 않는 12처라면 그것은 존재이기 때문이라 여겨, 시간이 흐를수록 12처는 6근 6경과 같은 존재로 이해하는 불교 지도자인 상좌들이 늘어났다.

상좌부에서 대중부가 갈라져 나온 이유는 계율 해석의 차이라고 하는데, 다른 해석으로는 상좌라 불리는 이들이 무명과 탐욕을 멸한 상태인 상좌로 보이지 않았기 때문이라 한다. 하여 당시 상좌를 상좌로 인정하지 않으려는 움직임을 보인 일단의 승려들이 새로이 만든 교단이 대중부라고 한다.

대중부는 후에 대승부인 대승불교가 되어 일체유심조를 강조한다.

새삼 강조하지만 석가 수행자가 멸한 것은 마음에 일어난 안처와 색처 작용이지 감각기관인 안근이나 외부에 존재하는 색경이 아니다.

감각기관과 존재는 과학의 영역으로 현대 과학은 인간보다 더 우수한 능력을 갖고 있는 AI를 만들고 있지 않은가.

불교에서 가르치는 3사화합촉은 망막에 맺힌 상이 뉴런이란 신경세포를 통해 뇌로 전달될 때 생긴 상이 안식으로 된다는 것은 뇌에 전해진 상을 보려는 마음[안식]이 보는 마음[안처]과 보이는 마음[색처]으로 나뉘어 셋이 접촉하니 새로운 안식이 생긴다는 것이다.

여기까지 이해하면 6근6경은 과학의 영역으로 존재적인 일상 언어이고, 12처는 마음 법으로 석가세존이 발견하고 고안한 마음 언어임을 이해한 게 된다.

하루는 샤워를 하고 몸을 닦으려 옷 걸이에 걸려있는 타월을 찾는데 타월이 보이지 않는다.

두리번두리번 거리다 바닥에 떨어져 있는 타월을 마침내 보았다.

왜 몇 번씩이나 옷걸이는 물론 바닥을 보았지만 타월이 거기에 있는 것을 보지 못했을까? 생각해 보니 바닥에 떨어진 타월 색깔이 갈색인데 나는 타월 색을 연한 파란색으로 생각했고, 바닥 색깔이 짙은 갈색으로 연한 갈색 타월이 잘 보이지 않았기 때문임을 알았다. 하여 눈으로 타월을 보면서도 그것이 타월인지, 거기에 타월이 있는지, 보이지 않고 지나친 것이었다.

바닥에 떨어진 타월을 보았지만 근방 인식까지 되지 않았던 것은 보는 마음이 하나에 집중하지 않고 다른 생각을 하고 있었기 때문이다.

해서 세상 사람들이 알고 있듯이 내 눈이 바깥에 있는 대상을 본다 하지 않고, 보는 자와 보이는 것은 뇌 안에 들어와 만나고, 만남이 일어나면 그것을 분별하여 알아볼 수 있는 경험인 안식이 생기는데, 그때 보는 자는 안근이 아닌 안입처라 하고, 보이는 것은 색경이라 하지 않고 색입처라 하며, 입처는 마음에 생겨 있는 것으로 설명한다. 그리고 안입처와 색입처가 마음에서 만나면 그것을 알아보는 안식이 생겨 그 셋이 결합하면 본 것에 대한 느낌이 일어나는 것이다.

안입처와 색입처를 마음에 생긴 것이라 하여 그것은 안근이나 색경과 다른 것으로 설명하는 『경』이 있는가?

〈잡. 239. 결경〉을 보면

239. 결경(結經)

이와 같이 나는 들었다.

어느 때 부처님께서 비사리의 미후지 곁에 있는 2층 강당에 계셨다.

그 때 세존께서 모든 비구들에게 말씀하셨다.

"내가 이제 결박되는 법과 결박하는 법에 대하여 설명하리라.

어떤 것이 결박되는 법인가? 안과 색·이와 성·비와 향·설과 미·신과 촉·의와 법이니, 이것을 결박되는 법이라고 한다.

어떤 것이 결박하는 법인가? 욕망과 탐욕을 말하는 것이니, 이것을 결박하는 법이라고 하느니라."

부처님께서 이 경을 말씀하시자, 여러 비구들은 부처님의 말씀을 듣고 기뻐하며 받들어 행하였다.

내용은 욕망과 탐욕[욕탐]에 결박된 안과 색이 있다고 할 때 안과 색은. 안근이나 색경이 아닌, 욕탐이란 마음에 결박된 안입처요 색입처인 것이다.

욕탐은 마음에 일어나는 비 물질 존재인 마음인데 그런 비 물질 존재인 욕탐이 물질 존재인 안근과 색경을 결박할 수 있는가. 아니다. 보는 자와 보이는 것과 욕탐이 한 장소 곧 마음에 들어와 있기에 결박하고 결박당할 수 있는 것이다.

물론 12처를 6근 6경으로 이해하고 수행해도 아라한이 되기 전이라면 심각하게 문제가 되지 않는다.

그 말은 대승불교에 나오는 보살은 12처를 심연생이 아닌 6근6경과 같은 것으로 이해해도 괜찮다는 게 된다. 다만 완전한 구경열반인 부처님을 목적으로 삼고 있다면 12처는 마음을 연해 생긴 것임을 믿으며 수행을 해야 목표에 이를 수 있다. 왜냐고?

12처가 물질인 존재라면, 지금 여기서 물질을 완전히 없앨 수 있는 방법이 없다. 물질은 에너지 보존의 법칙처럼 무상한 변화가 있을 뿐 멸하지 않는 것으로 알기에. 그러니 지금 여기서 괴로움을 완전히 멸하려면 그 괴로움은 물질 존재가 아닌 마음에 생긴 것이어야만 가능하다.

하지만 여전히 "12처는 마음을 연해 생긴 심연생"이라는 건 잘못된 주장이라고 주장하거나 심연생임을 모르는 자들이 더 많은 게 현실이다.

만일 더 많은 이들이 12처는 심연생임을 이해하고 함께 했더라면

대승불교의 일체유심조를 이해하고 받아들이는 게 얼마나 명료해지는가.

시간은 말없이 흐르고 있다.

인도에서 불교가 사라진 것은 석가모니 잘못이 아니다.

12처를 마음 법이 아닌 존재로 잘못 이해하고 전한 상좌와 법사들의 잘못이다.

손바닥 위를 걷다

석가모니의 출가 이유는 지금 여기서 겪고 있는 고(苦)를 어떻게 하면 멸할 수 있을까 이었다.

하여 처음에는 명상법을 닦았는데 명상을 하는 중에는 고(苦)가 사라지지만 명상에서 깨어나면 다시 고가 생기니, 고(苦)가 완전히 사라지지 않는 이유는 몸 때문이라 보아, 그 방법을 버리고 몸의 욕탐을 멸하고자 고행(苦行)을 시작한다. 그렇게 시작한 고행이 6년 정도 지나자 몸은 더 이상 지탱될 수 없을 만큼 쇠약해질 대로의 약해졌지만 몸을 버리지 않는 한 구경열반은 이룰 수 없다는 것을 알았다. 그때 어릴 적 농경제에서 나를 잊고 온통 사유에 빠져 있던 기억이 떠올라.. '나'가 어떻게 사라졌는지를 관찰하다, 생각하는 자[6내처]와 생각하는 대상[6외처]에 대해 근본을 성찰하니 얼마 되지 않아 드디어 모든 고를 멸한 부처님을 성취하게 된다.

그와 같은 결과는 6년 고행을 포함한 과거의 수행이 바탕이 되었고 그런 공부에 대해 간단히 말하는 것은 충분하지 않지만, 불교는 고(苦)에서 시작하여 고멸(苦滅)로 끝이 나는 가르침이 된다.

그렇다면 어떻게 하면 고멸을 이룰 수 있는지 궁금하지 않을 수 없다. 그 해법을 필자는 6근의 촉으로만 알고 있던 것이 실은 마음의 촉인 심연생(心緣生)임을 발견한 석가는 욕탐과 분노, 무지를 멸해 무명 마음에 있는 6입처를 멸할 수 있었으니, 무명을 멸하고 부처를 이룬 것으로 보았다.

그런데 시중에서는 지금도 6내외입처를 6근 6경의 작용이라 하고, 괴로움을 일으키는 것은 욕탐이 6근 6경에 간섭한 것으로 설명한다. 하여 남방 상좌부에서 완전한 욕탐(欲貪)멸은 결국 6근멸인 죽음에서 가능하다. 곧 몸이 죽어야만 완전 열반이 된다는 것이다.

6입처가 존재인 6근과는 달리 마음을 연해 생겨 있다는 것은 어떤 의미가 있을까?

12연기법에서 무명이 있으면 무명에 의한 6입처가 생긴다. 환멸문에서 무명이 멸하면 6입이 멸한다고 했는데, 그 뜻은 무명이란 무지와 무지에서 생기는 탐욕으로, 그것을 멸하면 괴로움을 일으키는 6입이 멸한다.

비록 많지는 않지만 『잡아함경』에 나오듯 12처는 심연생(心緣生)임을 알고, 마음에 생긴 욕탐을 멸하면 무명에 의한 12처 역시 함께 멸할 수 있고, 12처를 멸하면 석가세존처럼 몸과 생각은 그대로 있으므로 남방불교에서 처럼 완전 열반[무여열반]은 죽어야만 가능하다는 주장이 필요 없다. 그뿐 아니라 12연기의 각 지(支)는 모두 마음에 생겨있는 게 되므로 무명을 포함한 12지(支) 멸은 단박에 될 수 있다는 주장마저 불가능이 아님도 이해하게 된다.

만일 6입처가 6근으로 생명을 연해 있는 것이라면 환멸문에 나오는 6입멸은 몸이 죽어야만 가능한 게 되어 유전문과 환멸문은 둘이 아니다라는 것은 모순이 된다. 그러나 6입처가 마음을 연해 생긴 것이라면 전혀 문제가 안 될 뿐 아니라, 무명을 연해 생긴 것이니 당연히 지금 여기서 멸해야만 하는 게 된다. 그러나 『잡아함경』안에는 '6입처는 존재가 아닌 마음에서 생긴 것이다' 라고만 단정하기엔 무리가 있다.

그리고 6입처가 6근과 다른 마음 법이라 해도 실재 수행은 문제가 없다. 6입처 발견은 세존 스스로 [자각(自覺)법]이라 하듯, 그것은 9차제정 수행의 마지막 단계인 멸진정(滅盡定 nirodha samapatti)에서 발견되어 멸할 수 있는 것이기 때문이다. 곧 멸진정에 이르기 전까지 6입처를 6근과 다른 것으로 이해하고 있어도 실제로는 6근에 욕탐이 간섭한 것처럼 보이기 때문이다.

이렇듯 실재 수행에서는 6근과 6입처인 둘의 구별이 별 도움이 되지 못할 수 있지만, 세상에 법을 전할 때[傳法]에서는 많은 도움이 된다. 특히 21세기는 부처님 당시처럼 여러 종교가 상품처럼 경쟁해야만 할 때 불교의 목적은 6근을 닦아 신통력을 생기게 하거나 도인이 되려는 게 아닌, 모든 스트레스의 결정(結晶)인 괴로움을 소멸하기 위해 마음에 물든 무명을 멸하는 가르침과 수행으로, 그것은 3독을 멸해 6근이 아닌 무명 마음에 생겨 있는 6입처를 멸하는 종교임을 명확하게 설명할 수 있기 때문이다.

지금까지 작업은 부처님 손바닥 위에서 일어난 일임을 보며, "마음에서 생긴 6입처는 일체의 근본이요, 무명에서 생긴 6입처는 괴로움의 씨앗이다."라는 말로 마무리 짓는다.

손바닥 위를 걷다

인쇄일 2025년 9월 5일
발행일 2025년 9월 10일

지은이 홍효진
펴낸이 주지오
펴낸곳 도서출판 무량수
　　　　부산광역시 연제구 중앙대로1131 1201호
전 화 051-255-5675
팩 스 051-255-5676
e-mail boan21@korea.com
출판신고번호 제9-110호
ISBN 978-89-91341-02-9 03220